Feen
Geschichten
von Carola von Kessel

Schwager & Steinlein

Inhalt

Ein zauberhaftes Zuhause 4

Glück für alle 14

Die Regenbogenquelle 26

Überraschung im Zauberschloss . . 36

Das Kristallpferd 48

Ein Zauberpony für Mira 56

Besuch im Unterwasserreich 70

Das Sternenpony 78

Die kleine Naschfee 86

Beste Freundinnen 96

Eine ganz besondere Reise 106

Der große Ball 116

Das Schmusepony 124

Der Pony-Professor 132

Ein zauberhaftes Zuhause

Es war ein wunderschöner Sommermorgen. Die kleine Fee Fiona flog fröhlich summend über eine duftende Blumenwiese. Sie war auf dem Weg zum magischen Fluss. Heute war Fiona mit Blumengießen an der Reihe – und sie liebte diese Aufgabe!

Bald landete Fiona am Flussufer. Das Wasser glitzerte, als wäre es von Tausenden Kristallen überzogen. Mit ihrer Gießkanne schöpfte Fiona frisches Wasser aus dem magischen Fluss und goss damit die Blumen am Ufer.

Sobald die Blüten mit Wasser besprizt wurden, reckten sie freudig ihre Köpfchen in die Höhe.

Jede Blume, die mit den magischen Tropfen in Berührung kam, begann zu funkeln und zu glänzen. Durch die Zauberkräfte des Wassers glitzerte die Blumenwiese bald wie ein buntes Meer aus kleinen Edelsteinen.

Als Fiona alle Blumen gegossen hatte, ließ sie sich auf einem Stein nieder. Sie klappte die Flügel zusammen und saß ganz still. Das magische Wasser ließ die Blüten nämlich nicht nur leuchten, sondern auch klingen. Wenn die Blütenkelche im Wind hin und her schwangen, ertönte eine feine, leise Melodie.

Fiona saß reglos da und lauschte dem Blütenkonzert.

Aber was war das? Plötzlich hörte die kleine Fee noch ein anderes Geräusch. Es klang, als würde jemand leise vor sich hin jammern. Suchend sah Fiona sich um. Hatte sie etwa vergessen, eine Blume zu gießen?

Doch das Gejammer stammte nicht von einer Blume. Als Fiona ihm nachging, entdeckte sie ein kleines Tier.

Es war ein Kaninchen, das sich hinter einem Busch verkrochen hatte und leise schluchzte.

„Was hast du denn, du kleines Kaninchen?", fragte die Fee mit ihrer glockenhellen Stimme. „Kann ich dir irgendwie helfen?"

Das Kaninchen hielt inne und blickte auf. „Vielen Dank, liebe Fee!", sagte es und schniefte. „Ich glaube nicht, dass du mir helfen kannst. Weißt du – ich habe mit meinem Freund Verstecken gespielt. Dabei habe ich mich verlaufen, und jetzt finde ich nicht mehr nach Hause." – „Wo ist denn dein Zuhause?", fragte Fiona.

Das Kaninchen erwiderte: „Ich wohne tief im Feenwald in einer Baumhöhle – dort, wo die Pilzhäuser stehen. Kennst du dich in dieser Gegend aus?" Hoffnungsvoll blickte es die Fee an.

Doch Fiona schüttelte bedauernd den Kopf. „Nein, leider nicht."

Das Kaninchen ließ traurig die Ohren hängen. „Mein Freund Puschel macht sich bestimmt schon große Sorgen um mich", jammerte es. „Ich heiße übrigens Hoppel."

„Mein Name ist Fiona", stellte die kleine Fee sich vor. Nachdenklich betrachtete sie das Kaninchen. Da hatte sie plötzlich eine Idee. „Wofür habe ich Flügel?", rief sie. „Wenn du dich auf meinen Rücken setzt, können wir gemeinsam über den Wald fliegen und die Lichtung suchen, auf der du zu Hause bist."

„Au ja!" Das Kaninchen machte einen Freudensprung. Schwupp, schon hopste es auf den Rücken der Fee. „Es kann losgehen!", rief es erwartungsvoll.

Aber es ging nicht los. Sosehr Fiona auch mit den Flügeln schlug – sie hob einfach nicht vom Boden ab. „Wir sind zu schwer", stellte sie fest, und ihre Stimme zitterte vor Anstrengung und Enttäuschung.

„Wie schade!" Mit einem tiefen Seufzer hüpfte das Kaninchen von Fionas Rücken. „Dann muss ich mein Glück wohl doch zu Fuß versuchen."

Sorgenvoll blickte Fiona auf den dichten Wald. Der Feenwald war riesengroß. Wie sollte das kleine Kaninchen dort jemals nach Hause finden?

„Guten Morgen, Fiona!", ertönte in diesem Augenblick eine fröhliche Stimme aus der Luft. Ein wunderschönes Zauberpferd mit mächtigen Flügeln schwebte heran.

„Guten Morgen, Enzo", begrüßte Fiona ihren vierbeinigen Freund. „Wohin willst du denn so früh am Morgen?"

„Wohin wohl?", fragte Enzo zurück und landete auf der glitzernden Blumenwiese. „Beim Aufwachen hatte ich das Gefühl, dass hier jemand Hilfe braucht. Also habe ich mich gleich auf den Weg gemacht."

„Vielen Dank, Enzo!" Fiona strahlte. „Dein Gefühl war genau richtig."

Sie stellte ihrem Pferdefreund das kleine Kaninchen vor. „Leider findet Hoppel nicht mehr nach Hause", berichtete Fiona. Und obwohl sie sich ein bisschen dafür schämte, erzählte die Fee auch von ihrem misslungenen Flugversuch.

„Bestimmt kann ich dir helfen", sagte das Zauberpferd zu Hoppel. „Komm, steig auf!"

Mit einem großen Satz hüpfte das Kaninchen auf Enzos Rücken. Das Zauberpferd breitete die Flügel aus und schwebte zum Himmel empor.

„Ich komme mit!", rief Fiona und flog ebenfalls los.

Gemeinsam zogen sie in weiten Kreisen durch die Luft.
Unter ihnen lag der Feenwald mit seinen mächtigen alten
Bäumen, verwunschenen Tälern und geheimnisvollen Flüssen.

„Sag Bescheid, wenn du etwas erkennst!", rief Enzo dem
Kaninchen zu.

Fiona tauchte mal links und mal rechts neben Hoppel auf.
„Ist Fliegen nicht herrlich?", rief sie übermütig und schlug in der
Luft einen Purzelbaum.

„Und wie!", gab das Kaninchen mit leuchtenden Augen
zurück. Als es wieder nach unten blickte, erkannte es endlich
einen vertrauten Baum.

„Da ist die Eiche, in der Frau Eule wohnt!", rief Hoppel
aufgeregt. „Bald sind wir da! Nur noch ein kleines Stück
geradeaus, dann bin ich wieder zu Hause!"

Die Freunde flogen in die angegebene Richtung. Bald
tauchte unter ihnen eine große Waldlichtung auf.

„Wir haben es geschafft!", rief Hoppel. „Bitte landen!"

Fiona staunte: Die ganze Lichtung war mit kleinen Pilzhäusern bedeckt. Einige hatten bunte Türen, bei anderen führten Leitern unter die schützenden Pilzdächer. Am Rand der Lichtung entdeckte die Fee sogar ein winzig kleines Pilz-Karussell.

„Wer wohnt denn hier?", erkundigte sie sich.

„Wie – das weißt du nicht?" Hoppel blickte sie erstaunt an. „Hier leben die Pilzwichtel. Sie sind sehr klein, aber sie wissen alles über den Wald und seine Pflanzen."

Fiona hatte schon viel von den Wichteln gehört. Sie war froh, dass sie jetzt wusste, wo diese weisen Männchen leben.

Vorsichtig landete Enzo am Rand der Lichtung. Neben ihm schwebte Fiona ins weiche Laub.

Hoppel rutschte strahlend von Enzos Rücken. „Das war ein toller Flug!", rief er. „Vielen Dank, dass ihr mich nach Hause gebracht habt!"

„Gern geschehen", erwiderte Enzo mit seiner tiefen, wohlklingenden Stimme.

In diesem Augenblick kam ein Streifenhörnchen angelaufen. „Hoppel!", rief es und stolperte vor Freude beinahe über eine dicke Wurzel. „Bin ich froh, dass du wieder da bist! Ich hab mir solche Sorgen gemacht!"

„Hallo, Puschel!", begrüßte Hoppel seinen Freund. „Stell dir vor, ich hab mich im Wald verlaufen. Aber zum Glück haben mich Fiona und Enzo nach Hause gebracht."

Fiona lächelte. „Das war doch selbstverständlich", sagte sie. „Hier im Feenreich hilft jeder, wo er kann. Aber nun müssen wir uns wieder auf den Heimweg machen."

„Kommt uns bald einmal besuchen!", rief Hoppel und winkte zum Abschied.

„Auf Wiedersehen!" Fiona und Enzo flogen wieder los. Doch schon nach wenigen Flügelschlägen merkte die kleine Fee, wie müde sie war. Noch nie zuvor war sie so weit geflogen!

Fionas Pferdefreund sah, wie erschöpft die Fee war. „Komm doch auf meinen Rücken!", schlug Enzo ihr vor.

Das ließ sich Fiona nicht zweimal sagen! Vorsichtig landete sie auf Enzos Rücken und schmiegte sich an das Zauberpferd. Sanft strich der warme Sommerwind über ihre Flügel.

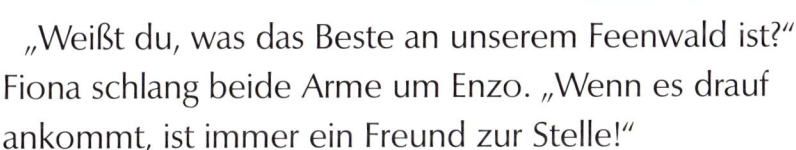

„Weißt du, was das Beste an unserem Feenwald ist?" Fiona schlang beide Arme um Enzo. „Wenn es drauf ankommt, ist immer ein Freund zur Stelle!"

Enzo schnaubte zustimmend und flog am Himmel eine ganz besondere Figur. Fiona erkannte sofort, was Enzo da an den Himmel malte: ein wunderschönes, großes Herz!

Glück für alle

Hui, das machte Spaß! Die kleine Fee Annabell saß auf ihrer Lieblingsschaukel und ließ sich den Wind um die Ohren wehen. Immer höher flog die Schaukel durch die Luft. Annabell jauchzte vor Vergnügen.

Ihre Freundin Rosana, die mit einem Eimer voller Kristalle vorbeihastete, blickte zu ihr hoch. „Du könntest ruhig ein bisschen mithelfen", sagte Rosana. „Du weißt doch, dass heute Abend das große Sommerfest stattfindet. Bis dahin muss alles fertig sein."

„Ach was!" Annabell lachte nur und warf ihrer Feenfreundin eine Kusshand zu. „Das bisschen Arbeit schafft ihr auch ohne mich!"

Überall eilten fleißige Feen umher und trafen die letzten Vorbereitungen für das Sommerfest. Manche knüpften herrliche Blütengirlanden, andere schmückten die Pavillons am See, backten Kuchen oder polierten die Kristalle, die abends wie kleine Sterne im Mondlicht funkeln sollten.

Alle Feen halfen tüchtig mit – alle bis auf Annabell! Sie schaukelte fröhlich vor sich hin und malte sich das Fest in allen Einzelheiten aus: „Es wird bestimmt köstliche Speisen geben. Das Feen-Orchester wird wunderbare Lieder spielen, und der See wird im Mondschein schimmern wie ein riesiger Edelstein."

In Annabells Bauch kribbelte es. Hach, sie konnte es kaum erwarten, dass es endlich Abend wurde!

„Annabell?" Die strenge Stimme von Ursa riss die kleine Fee aus ihren Tagträumen.

Ursa zählte zu den ältesten Zauberpferden im Feenreich. Sie war für das Gelingen des Sommerfestes verantwortlich.

Ursas Augen funkelten, als sie zu Annabell sprach. „Weshalb hilfst du nicht bei den Vorbereitungen?", wollte sie wissen.

Annabell wurde rot. „Ich ... äh, ich mache gerade eine Pause", behauptete sie.

Ursa musterte die kleine Fee aufmerksam. „Du darfst dich gerne zwischendurch ausruhen", sagte sie dann. „Aber vergiss nicht, dass hier im Feenreich jeder seine Aufgaben hat. Unser Fest kann nur gelingen, wenn alle mithelfen."

Annabell wich dem durchdringenden Blick der Pferde-Ältesten aus. Die kleine Fee hatte das Gefühl, dass Ursa sie durchschaut hatte. Schnell blickte Annabell zu Boden. Sie hatte plötzlich ein ziemlich schlechtes Gewissen ...

„Schau doch mal ins Buch der magischen Weisheiten!" sagte Ursa, warf ihren Kopf nach hinten und stampfte einmal mit dem Vorderhuf auf. Im gleichen Augenblick schwebte ein dickes Buch heran und legte sich direkt auf Annabells Schoß. „Schlage eine beliebige Seite auf!", riet Ursa der kleinen Fee. „Dann weißt du, was du zu tun hast."

Nach diesen Worten trabte das Zauberpferd davon.

Annabell sah dem lilafarbenen Schweif nach, der hinter Ursa im Wind flatterte.

Dann öffnete sie zögernd das Buch. Auf der Seite, die sie aufgeschlagen hatte, war links das Bild einer Fee zu sehen. Rechts stand:

Über das Glück

Die Sonne spendet Wärme und lässt die Pflanzen gedeihen.

Der Regen spendet Wasser und lässt die Blumen wachsen.

Der Vogel erfreut die Waldbewohner mit seinem Gesang.

Und du?

Wahres Glück kannst du nur finden,

wenn auch du etwas für andere tust!

Annabell runzelte die Stirn. Was bedeutete dieser Spruch? Sie fühlte sich doch vollkommen glücklich, wenn sie auf ihrer Schaukel saß! Kurzerhand klappte sie das Buch zu und ließ es durch die Luft flattern. Ein fliegendes Zauberpony eilte herbei, als hätte es nur darauf gewartet. Das Buch landete sanft auf seinem Rücken, und schon schwebte das Zauberpferd mit dem Buch davon.

Die kleine Fee holte kräftig Schwung. Doch irgendwie machte das Schaukeln nicht mehr ganz so viel Spaß wie vorher. Annabell beschloss, ein bisschen herumzufliegen und sich im Feenwald umzusehen.

Bald entdeckte sie einige Feen, die gerade Kristalle polierten. „Habt ihr Lust, mit mir zu spielen?", rief Annabell.

Die Feen schüttelten die Köpfe. „Keine Zeit! Wir müssen die Kristalle zum Glänzen bringen."

Als Nächstes begegnete Annabell zwei Schmetterlingen, die fröhlich durch die Luft tanzten. Doch auch die beiden Falter wollten nicht mit ihr spielen.

„Keine Zeit!", riefen sie mit ihren feinen Stimmchen. „Wir müssen noch jede Menge Blüten bestäuben."

So ging es noch eine Weile weiter. Alle waren beschäftigt, und niemand wollte mit Annabell spielen.

Die kleine Fee setzte sich auf ein Schaukelpferd, das vor einem der Pavillons am See stand. Während sie auf dem Holzpferd vor und zurück schaukelte, schloss Annabell die Augen und begann wieder von dem großen Sommerfest zu träumen.

Sie merkte nicht, dass plötzlich eine Schar bunter Vögel über das Feenreich zog. Jeder Vogel hielt einen Briefumschlag im Schnabel. Die Vögel flogen zu den Feen, die emsig mit den Vorbereitungen beschäftigt waren, und überreichten ihnen die Briefe. Bald hatte jede Fee einen Umschlag bekommen – nur Annabell nicht ...

Endlich war es so weit! Es wurde Abend. In den Pavillons standen duftende Kuchen, und das Seeufer war mit Girlanden und funkelnden Kristallen geschmückt.

Die Feen sammelten sich am Waldrand und warteten gespannt auf das Eintreffen der Sternenfee Stella, die das Fest eröffnen sollte.

Es dauerte nicht lange, da schwebte Stella herbei. An der Spitze ihres Feenstabes glitzerte ein goldener Stern. Ein ehrfürchtiges Raunen ging durch die Reihen der wartenden Feen.

„Schön, dass ihr alle zum großen Sommerfest gekommen seid", sagte Stella mit ihrer glockenklaren Stimme. „Damit uns niemand beim Feiern stören kann, habe ich rund um das Festgelände eine unsichtbare Mauer errichtet. Nur diejenigen Feen und Elfen, deren Einladungen ich mit meinem Feenstab berührt habe, können die unsichtbare Mauer durchdringen."

Annabell sah sich erstaunt um. Nanu – alle anderen Feen hielten Einladungen in den Händen! Nur Annabell hatte keine Einladung bekommen. Aber das konnte doch nur ein Versehen sein!

Die anderen Feen blickten der Sternenfee mit leuchtenden Augen entgegen. Stella flog von einer Fee zur nächsten und berührte die Einladungskarten mit dem Stern an der Spitze ihres Feenstabes. Mit einem leisen Pling! verwandelten sich die Karten in einen kleinen Sternenregen.

Nun konnten die Feen ungehindert zum Seeufer hinüberfliegen, wo alles für die Feier vorbereitet war.

Mit gemischten Gefühlen wartete Annabell auf die Sternenfee.

Bald schwebte Stella auf Annabell zu. „Soviel ich weiß, hast du keine Einladung bekommen", sagte sie freundlich.

„Aber warum nicht?", wollte Annabell wissen.

Stella zog die Augenbrauen hoch. „Der Rat der Feen und Zauberponys hat dich in den letzten Tagen genau beobachtet", erklärte sie. „Wir sind der Meinung, dass du für das Sommerfest noch nicht reif genug bist."

Bestürzt sah Annabell die Sternenfee an. „A...aber warum denn?", stotterte sie.

Die Sternenfee lächelte freundlich. „Alle anderen Feen haben für das Fest gearbeitet", sagte sie. „Jede hat auf ihre Art etwas dazu beigetragen, dass es eine gelungene Feier wird. Doch soviel ich weiß, hast du dich überhaupt nicht an den Vorbereitungen beteiligt."

Annabell schluckte. Die Sternenfee hatte recht! „Ich ... ich habe es nicht böse gemeint", sagte sie leise.

Annabells Freundin Naomi, die neben ihr stand, rief: „Aber Annabell hat sehr wohl etwas getan! Sie hat Fröhlichkeit und gute Laune verbreitet, während ich die Kristalle zum See gebracht habe."

Die Fee Mirella sagte: „Annabell hat mir Gesellschaft geleistet, während ich Blumen gepflückt habe!"

„Und mir hat sie mit ihrem Lachen beim Kuchenbacken geholfen!", warf die Küchenfee Tartina ein. Stella sah die Feen erstaunt an. „Das ist aber lieb von euch, dass ihr euch so für Annabell einsetzt. Dann will ich mal nicht so sein und nachsehen, ob wir nicht vielleicht doch eine Einladung für sie haben."

Und siehe da: Im gleichen Moment kam ein Vöglein mit der Einladung im Schnabel angeflogen. Strahlend nahm Annabell den Umschlag entgegen und wartete, bis Stella die Einladung mit dem Feenstab angetippt hatte.

Annabell freute sich riesig. Dankbar blickte sie ihre Freundinnen an. Sie nahm sich fest vor, in Zukunft nicht mehr so viel zu träumen. Stattdessen wollte sie selbst etwas dazu beitragen, dass alle Bewohner des Feenlandes glücklich und zufrieden waren.

Die Feen feierten ein wunderbares Fest. Zuerst ließen sie sich die köstlichen Kuchen und Torten der Küchenfeen schmecken. Dann tanzten sie am Seeufer, bis am nächsten Morgen die Sonne wieder aufging.

Nun waren alle Feen sehr müde geworden! Gähnend legten sie sich in ihre Blütenbetten und schliefen ein.

Nur Annabell blieb wach. Sie wollte gleich heute beginnen, ihre guten Vorsätze in die Tat umzusetzen. Eifrig machte sie sich daran, das Seeufer aufzuräumen. Annabell wusch die Teller und Gläser ab, sammelte alle Kristalle ein und faltete die Girlanden zusammen.

Es war viel Arbeit. Doch Annabell hörte nicht auf, bis sie alles erledigt hatte.

Als die anderen Feen viele Stunden später wieder wach wurden und sich erstaunt die Augen rieben, war Annabell erschöpft, aber glücklich. Nun konnte sie sich endlich schlafen legen.

Sie hatte sich gerade in ihr Blütenbett gekuschelt, als ihr plötzlich der Spruch aus dem Buch der magischen Weisheiten wieder einfiel. Sie hätte es nicht für möglich gehalten, aber es stimmte wirklich: Jetzt, wo sie etwas für die anderen getan hatte, war die kleine Fee viel glücklicher als früher. Wer hätte das gedacht?

Die Regenbogenquelle

Es war ein trüber Tag im Feenreich. Düstere Wolken hingen am Himmel. Der Wind rüttelte an den Bäumen und wirbelte Laub und Zweige durch die Luft. In den Seen und Flüssen schlug das Wasser hohe Wellen.

Die Tiere im Feenwald hatten sich in ihre sicheren Höhlen und Nester zurückgezogen. Auch die Feen wagten sich bei diesem Wetter kaum nach draußen. Zu groß war die Gefahr, vom Wind davongetragen zu werden!

Doch Feen lassen sich auch von schlechtem Wetter die Laune nicht verderben. In ihren Baumhöhlen herrschte reges Treiben. Die Küchenfeen backten eifrig knusprige Brezeln und köstliche Kuchen. Die Waldfeen kümmerten sich um die Vögel und die anderen Tiere, die bei ihnen Unterschlupf gesucht hatten. Und die Goldfeen nutzten den Tag, um endlich einmal wieder alle Krönchen auf Hochglanz zu polieren.

Nur die kleine Wasserfee Riva beteiligte sich nicht an dem geschäftigen Treiben. Immer wieder ging sie zur Höhlenöffnung und lauschte nach draußen. Inzwischen hatte es zu regnen begonnen. Riva spürte, dass heute irgendetwas anders war als sonst. Im Rauschen des Regens schwang ein leises Raunen mit, das die Wasserfee nicht kannte und das sie beunruhigte.

„Riva, wo steckst du denn?", schimpfte eine der älteren Feen. „Komm schnell wieder ins Trockene!"

Doch Riva hörte nicht auf sie. Plötzlich entdeckte sie ein helles Wesen am Himmel. Sie kniff die Augen zusammen. Im gleichen Moment war die helle Gestalt schon wieder verschwunden. Hatte Riva sich getäuscht, oder kämpfte inmitten der Wolken eine Fee gegen den Wind an?

Da! Jetzt sah Riva das fliegende Wesen wieder, und es steuerte genau auf die Lichtung der Feen zu!

Als die Gestalt näher kam, erkannte Riva, dass es tatsächlich eine Fee war. Aber sie musste von weither kommen, denn Riva kannte sie nicht.

Bald landete die Fee vor Riva. Von dem anstrengenden Flug war sie ziemlich aus der Puste.

„Willkommen in unserem Wald", sagte Riva freundlich. „Ich bin die Wasserfee Riva. Wer bist du denn? Und was treibt dich bei diesem Wetter hierher?"

Die fremde Fee holte tief Luft. „Ich heiße Wölkchen. Wir Wolkenfeen können auch bei Sturm und Regen fliegen. Die Feenkönigin hat einige von uns ausgesandt, um nach der richtigen Medizin für sie zu suchen."

„Ist die Feenkönigin etwa krank?", rief Riva erschrocken.

Wölkchen nickte bedrückt. „Ja, leider. Unsere liebe Königin hat keine Kraft mehr. Wie du weißt, ist sie pausenlos unterwegs, um überall im Feenreich nach dem Rechten zu sehen und anderen zu helfen. Dabei hat sie zu wenig auf sich geachtet."

Wölkchen seufzte tief. „Jetzt ist die Feenkönigin so erschöpft, dass sie keine Zauberkraft mehr hat. Sie braucht dringend ein Heilmittel!" Die Wolkenfee zog einen Krug unter ihrem Kleid hervor. „In diesem Gefäß soll ich der Königin die Medizin bringen – falls ich das passende Heilmittel finde ..."

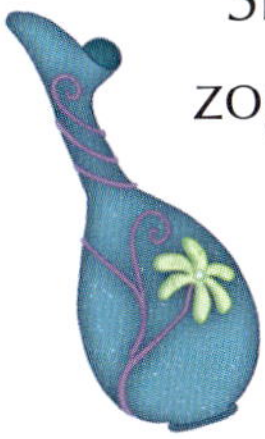

„Ich glaube, nach dem anstrengenden Flug brauchst du erst einmal selbst eine Stärkung", meinte Riva. „Bitte komm herein und setz dich! Ich bringe dir etwas zu essen und zu trinken!"

Bald sprach es sich im ganzen Feenreich herum, dass die Feenkönigin Hilfe brauchte.

Die Feen versammelten sich in einer großen Baumhöhle und überlegten, wie sie ihrer Königin helfen konnten.

Die Kräuterfee Melissa reichte der Wolkenfee ein Glas Kräuterlimonade und sagte: „Ein Tee aus Heilkräutern könnte der Königin helfen."

Doch Wölkchen winkte ab. „Die Feenkönigin hat schon alle Kräuter durchprobiert. Leider hat nichts davon geholfen."

Der nächste Vorschlag stammte von der Blumenfee Bella. „Eine Einreibung mit Rosenwasser wirkt oft Wunder!", rief sie.

Aber auch dieses Rezept hatte die Feenkönigin bereits versucht. Und bei den nächsten Ideen schüttelte Wölkchen ebenfalls bedauernd den Kopf. Kristalltinktur, Sternenstaub und Zaubermoos – nichts von alledem hatte der Feenkönigin geholfen.

Die Feen verfielen in nachdenkliches Schweigen.

Plötzlich fiel der Wetterfee Wanja etwas ein. „Wir könnten Ursa fragen!"

Alle waren begeistert. „Au ja! Gute Idee!", riefen die Feen durcheinander.

Nur Wölkchen blickte Wanja fragend an.

„Ursa ist eines der ältesten Zauberpferde in unserem Wald", erklärte Wanja. „Sie kennt viele magische Heilmittel."

In diesem Augenblick tauchte eine große Gestalt zwischen den Bäumen auf. Es war Ursa! Eilig trabte sie zur Feenhöhle hinüber und schüttelte sich die Tropfen aus dem Fell.

„Hallo, Ursa!", rief Wanja glücklich. „Du kommst wie gerufen!"

Ursa blickte in die Runde. „Ich habe gespürt, dass ich hier gebraucht werde", sagte sie mit ihrer tiefen Stimme. „Wie ich sehe, habt ihr Besuch." Ursas Blick ruhte auf Wölkchen.

Mit wenigen Worten erklärte Wölkchen, weshalb sie gekommen war.

Ursa nickte bedächtig, als sie von der Not der Feenkönigin hörte.

„Vor langer, langer Zeit ist es der Mutter unserer heutigen Feenkönigin genauso gegangen", berichtete das Zauberpferd. „Auch damals haben die Feen und Zauberpferde vieles ausprobiert, um der Königin zu helfen."

Alle Augen waren auf Ursa gerichtet.

„Und?", fragte Wölkchen gespannt. „Was hat ihr geholfen?"

Ursa berichtete: „Die Feenkönigin wurde wieder gesund, nachdem sie magisches Regenbogenwasser getrunken hatte."

Magisches Regenbogenwasser? Die Feen blickten sich ratlos an. Davon hatten sie noch nie etwas gehört!

„Wo gibt es dieses Wasser?", fragte eine Fee aufgeregt.

Doch diese Frage konnte Ursa nicht beantworten. „Ich weiß nur, dass damals eine Wasserfee einen Krug Regenbogenwasser zur Feenkönigin gebracht hat", erzählte das Zauberpferd. „Die alte Königin hat davon getrunken und ist danach in einen tiefen Schlaf gefallen. Als sie wieder aufwachte, war ihre Zauberkraft zurückgekehrt."

Zögernd meldete sich die kleine Riva zu Wort. „Ich glaube, ich weiß, wo es das magische Regenbogenwasser gibt", piepste sie mit hoher Stimme.

„Du?" Alle Feen blickten die Kleine erstaunt an.

Riva sagte: „Neulich habe ich am Waldrand einen Zauberbrunnen entdeckt. Als ich dort gespielt habe, floss plötzlich regenbogenfarbiges Wasser aus meinem Feenstab."

„Dann lass uns schnell zu dem Brunnen fliegen!", rief Wölkchen.

„Aber ich kann bei Sturm nicht fliegen", wandte Riva ein.

Das war auch gar nicht nötig. Als die Feen vor die Höhle traten, hatte es zu regnen aufgehört. Der Wind hatte sich gelegt, und die Sonne blinzelte durch die Wolkendecke.

„Seht nur!", rief Wölkchen und deutete zum Himmel hinauf, wo sich ein prächtiger Regenbogen gebildet hatte. „Die Wettergeister sind auf unserer Seite!"

So schnell sie konnten, machten sich die Feen auf den Weg zum Zauberbrunnen.

Dort angekommen stellte sich die kleine Riva auf das Podest in der Brunnenmitte und drehte sich im Kreis. Dabei hielt sie ihren Feenstab in die Höhe – und siehe da, plötzlich floss magisches Wasser aus dem Stab! Es schillerte in allen Farben des Regenbogens.

„Das muss das Heilwasser sein!", rief Wölkchen glücklich und fing das Wasser mit dem königlichen Krug auf. „Vielen Dank, liebe Riva! Ich bringe das Wasser gleich zur Feenkönigin!"

„Viel Glück, Wölkchen!" Alle Feen winkten zum Abschied.

Kaum hatte Riva ihren Feenstab gesenkt, da hörte das Wasser zu fließen auf. „Hoffentlich hilft das Regenbogenwasser der Feenkönigin", sagte Riva leise.

Und das hofften natürlich alle!

Am nächsten Morgen erlebten die Feen eine wunderbare Überraschung. Kurz nach Sonnenaufgang bildete sich am Himmel ein riesengroßer, strahlend bunter Regenbogen. Und über den Regenbogen näherte sich die Feenkönigin auf einem zauberhaften Einhorn.

Ehrfürchtig blickten die Feen ihrer Königin entgegen.

Auf der Erde angekommen, dankte die Königin ihrem Einhorn für den Ritt.

Dann wandte sie sich an die Feen, die einen großen Halbkreis gebildet hatten.

„Vielen Dank, ihr lieben Feen!", sagte die Feenkönigin mit ihrer glockenhellen Stimme.

„Das Regenbogenwasser aus eurem Zauberbrunnen hat mir meine magischen Kräfte wiedergegeben. Ganz besonders möchte ich der kleinen Fee Riva danken, denn sie hat die Quelle des Regenbogenwassers entdeckt."

Riva wurde vor Verlegenheit ganz rot im Gesicht. Sie freute sich sehr über die lieben Worte der Königin. Und sie konnte es kaum erwarten, noch weitere magische Orte im Feenreich kennenzulernen!

Überraschung im Zauberschloss

„He, Miranda! Wach auf!" Die Fee Valentina flog aufgeregt um ihre Freundin herum, die gemütlich auf einer kleinen Wolke lag und vor sich hin döste.

„Wie? Was? Warum?" Erschrocken öffnete Miranda die Augen. „Stell dir vor, Miranda!", rief Valentina. „Ich hab ein echtes Schloss entdeckt!" Allmählich wurde Miranda wach. Staunend hörte sie, was Valentina ihr erzählte.

„Heute war ich schon früh am Morgen unterwegs", berichtete Valentina. „Ich wollte den Schmetterlingen auf der Waldwiese bei ihrem Morgentanz zusehen.

Doch über den Wiesen und Feldern lag dichter Nebel. Da bin ich aus Versehen in die falsche Richtung geflogen. Plötzlich war ich ganz in der Nähe der magischen Quellen. Und ob du's glaubst oder nicht – dort steht ein traumhaft schönes Schloss!"

Valentina flatterte um ihre Freundin herum. „Ich sage dir, so was Tolles hast du noch nie gesehen! Das Schloss hat Türmchen mit herzförmigen Fenstern, und es ist über und über mit Blüten geschmückt!"

Miranda, die inzwischen ganz wach war, schüttelte ungläubig den Kopf. „Aber Valentina!", meinte sie. „Wir waren doch schon hundertmal bei den magischen Quellen. Dort stand noch nie ein Schloss!"

„Wenn du mir nicht glaubst, dann lass uns zusammen hinfliegen", schlug Valentina vor.

„Jetzt hast du mich neugierig gemacht!" Miranda streckte sich, stand auf und breitete ihre Flügel aus. „Ich möchte das Schloss auch mal sehen!"

Darauf hatte Valentina nur gewartet. Gemeinsam machten sich die Freundinnen auf den Weg.

Der Nebel hatte sich inzwischen gelichtet. Nur hier und da hingen noch einzelne weißliche Schleier über den Wiesen. Jetzt, wo die Feen klare Sicht hatten, war der Weg zu den magischen Quellen leicht zu finden. Miranda achtete genau darauf, ob heute irgendetwas anders war als sonst. Doch die Landschaft sah aus wie immer. Jede Blume stand an ihrem Platz, die Bäume trugen prächtige reife Früchte, und die Vögel suchten sich emsig ihr Frühstück zusammen.

Miranda fragte sich gerade, ob ihre Freundin von dem Schloss vielleicht nur geträumt hatte, als Valentina plötzlich den Arm ausstreckte.

„Sieh nur!", rief sie und deutete zu einer Baumgruppe hinüber. „Da ist es!"

Tatsächlich: Inmitten der Bäume stand ein zauberhaftes Schloss! Es hatte zartlila Mauern und Türme mit herzförmigen Fenstern, genau wie Valentina es beschrieben hatte.

„Ich glaub es nicht!" Miranda landete auf einem Ast, um das Bauwerk eingehend zu bewundern. „Ich könnte schwören, dass hier bisher kein Schloss stand."

„Ich auch!", pflichtete Valentina ihr bei. „Sollen wir mal nachsehen, wem das Schloss gehört?"

Miranda zögerte. „Und wenn eine gemeine Hexe darin wohnt?", fragte sie. „Oder ein böser Zauberer?"

„Nun hör schon auf!" Valentina lachte. „Du hast wohl zu viele Schauermärchen gelesen!"

Miranda blickte ihre Freundin ängstlich an. Doch dann gab sie sich einen Ruck.

„Einverstanden – fliegen wir zum Schloss hinüber!"

Als die Freundinnen näher kamen, merkten sie, dass
das Schloss von einem magischen Glitzern umgeben war.
Rund um das Tor, die Mauern und die Dächer schwebten
klitzekleine, funkelnde Sternchen in der Luft.
Die Feen landeten vor dem großen,
lilafarbenen Tor. Valentina hob die Hand,
um anzuklopfen. Doch im gleichen
Augenblick packte Miranda sie am
Arm und zischte: „Nicht klopfen!
Hör doch mal!"

Valentina ließ die Hand wieder
sinken und lauschte. Aus dem
Schloss drangen seltsame Geräusche.
Es klang wie das laute Fauchen eines
großen Tieres.

Die Freundinnen wechselten bange Blicke.

„Vielleicht wohnt da drinnen ein schrecklicher Drache!",
meinte Miranda mit schreckensbleichem Gesicht. „Oder ein
Löwe, der gerne Feen frisst!"

Aber Valentina schüttelte den Kopf. „So, wie das Schloss
aussieht, lebt hier bestimmt eine Prinzessin", meinte sie.

Miranda schnappte nach Luft. „Und was ist, wenn die
Prinzessin von einem Drachen oder einem anderen Ungeheuer
gefangen gehalten wird?"

Das könnte sein!" Valentina blickte ihre Freundin erschrocken an. „Los, wir schauen erst mal durch die Fenster!"

Die beiden Feen nahmen sich an den Händen. Leise flogen sie um das Schloss herum.

Als sie durch die Fenster spähten, staunten die Freundinnen nicht schlecht. Was es da alles zu sehen gab! Sie entdeckten ein gemütliches Wohnzimmer, einen Ballsaal, ein Musikzimmer und eine Bibliothek voller Bücher. Nur von den Bewohnern war nichts zu sehen. Und auch von dem fauchenden Untier fehlte jede Spur.

Die Feen hatten das Schloss schon fast umrundet, als das Fauchen immer lauter und lauter wurde. Vor den Freundinnen lagen nur noch zwei Fenster, durch die sie bisher nicht geblickt hatten.

Das tiefe Röhren des Ungeheuers ließ die Schlossmauern erzittern.

Valentina drückte Mirandas Hand, so fest sie konnte. Sie nahm ihren ganzen Mut zusammen, bevor sie einen Blick durch das vorletzte Fenster wagte.

Nanu – was war das? Valentina sah ein großes Zimmer mit einem gemütlichen Schlafkorb. Und in dem Korb lag jemand!

Es war ein großes Wesen mit blauen Haaren. Mehr konnte die Fee nicht erkennen, weil die Gestalt von einem Kissenberg bedeckt war.

In diesem Augenblick löste sich eine kleine Blüte von der Schlossmauer und schwebte genau vor Valentinas Gesicht. Sie spürte einen unwiderstehlichen Niesreiz – und dann passierte es auch schon. „Ha...ha...hatschi!", nieste Valentina lautstark. Und danach gleich noch einmal: „Hatschi!"

Im Schloss begann der Kissenberg zu wackeln. Das blau-haarige Wesen sprang aus dem Korb und war mit zwei großen Sätzen beim Fenster.

Das Ganze ging so schnell, dass die Feen sich nicht mehr verstecken konnten. Erschrocken wichen sie zurück, als nun das Fenster geöffnet wurde.

Ein Zauberpony streckte den Kopf heraus. Es trug einige Blüten in der blauen Mähne und gähnte erst einmal ausgiebig.

„Wer seid ihr denn?", fragte es mit einer rasselnden, tiefen Stimme.

„Ich bin die Fee Valentina. Und das hier ist meine Freundin Miranda", erklärte Valentina. „Es tut mir leid, dass ich dich mit meinem Niesen geweckt habe."

„Schon gut." Das Pony winkte ab. „Ich schlafe zurzeit ohnehin schlecht, weil ich so erkältet bin. Mein Name ist übrigens Flora."

„Hallo Flora, wir ... wir wollten hier nur mal nach dem Rechten sehen", erklärte Valentina verlegen. „In deinem Schloss faucht irgendjemand ganz laut, und da haben wir uns Sorgen gemacht."

„Hier faucht jemand?", fragte Flora erstaunt. „Aber ich höre gar nichts." Sie schwang sich über das Fensterbrett und landete neben den Feen auf der Wiese.

Die drei lauschten. Es war ganz still. Außer dem Zwitschern einiger Vögel und dem Rauschen der Blätter im Wind war nichts zu hören.

„Das gibt's doch gar nicht!", rief Miranda. „Das Geräusch war so laut, dass sogar die Schlossmauern gewackelt haben!"

In diesem Augenblick bekam das Zauberpony einen Hustenanfall. Es wandte sich ab, während es laut rasselnd und keuchend hustete.

Valentina und Miranda erkannten das Geräusch sofort wieder. „Vorhin hat es ganz ähnlich geklungen!", rief Valentina. „Ich wette, du hast im Schlaf laut geschnarcht – und weil du erkältet bist, klingt dein Schnarchen so schauerlich."

Inzwischen hatte sich Floras Hustenreiz wieder gelegt. „Das ist gut möglich", meinte sie schniefend. „In letzter Zeit schnarche ich oft. Deshalb haben mich die anderen Zauberponys auch gebeten, mir einen eigenen Schlafplatz zu suchen. Bisher habe ich immer mit meiner Herde zusammengelebt. Doch weil ich so laut schnarche, konnte die ganze Herde nicht mehr schlafen. Also habe ich mir dieses wunderschöne Schloss herbeigezaubert." Flora hüstelte.

„Ich glaube, wir können dir helfen!", rief Valentina. „Bei uns im Feenwald wächst eine Pflanze, die hervorragend gegen Erkältungen hilft!"

Die beiden Feen machten sich sofort auf den Weg. Im Feenwald sammelten sie zwei Armvoll Atemkraut. So schnell ihre Flügel sie trugen, flogen sie damit zurück zum Zauberschloss.

Doch was war das? Da, wo vorhin noch das wunderschöne Schloss gestanden hatte, wuchsen jetzt nur noch die vertrauten Bäume.

Das Zauberpony trat zwischen den Bäumen hervor. „Da seid ihr ja wieder!", rief Flora.

„Wo ist denn dein Schloss geblieben?", fragte Valentina, während sie gemeinsam mit Miranda auf der Wiese landete.

„Es hat sich in Luft aufgelöst", erklärte Flora kleinlaut. „Für einen dauerhaften Zauber reichen meine magischen Kräfte nicht aus."

„Mach dir nichts draus!", sagte Miranda tröstend. „Du wolltest ja sowieso zu deiner Herde zurückkehren, sobald du wieder gesund bist."

Die Feen gaben dem Pony das Atemkraut, das sie gesammelt hatten. Kaum hatte Flora die erste Pflanze zerkaut, da breitete sich ein Strahlen auf ihrem Gesicht aus. „Ich kann wieder frei atmen!", rief sie, und das tiefe Rasseln war aus ihrer Stimme verschwunden. „Vielen Dank, ihr lieben Feen! Jetzt kann ich zu meiner Herde zurückkehren. Aber den Pflanzen-Vorrat nehme ich mit – für den Fall, dass ich doch mal wieder husten muss!"

Fröhlich machte sich das Zauberpony auf den Weg zu seiner Herde. Und auch die beiden Feen kehrten zufrieden nach Hause zurück. Sie waren froh, dass dieses Abenteuer so gut ausgegangen war!

Das Kristallpferd

„Ich kann das einfach nicht!" Wütend stampfte Rubina mit dem Vorderhuf auf. Ihre lange Mähne flog durch die Luft, als die Einhornstute unwillig den Kopf schüttelte. „Ich kann es nicht, und ich werde es auch niemals lernen!"

„Aber Rubina!", sagte ihre Freundin Tamaha beruhigend. „Sieh doch nur, was du alles kannst. Im Galopp bist du die Schnellste, und du hast die prächtigste Mähne von allen Zauberpferden. Reicht dir das denn nicht? Musst du unbedingt alles können?"

Doch das hörte Rubina schon gar nicht mehr. Mit wehendem Schweif galoppierte sie davon. Sie wollte niemanden mehr sehen! Am allerwenigsten wollte sie all die anderen jungen Zauberponys sehen, die mühelos durch die Luft fliegen konnten!

Rubina galoppierte immer weiter und weiter. Ihr Herz schlug ganz schnell und sie wurde langsam müde. Doch die kleine Stute hörte nicht auf zu laufen. Sie hatte den Weg in die Berge eingeschlagen.

Je höher Rubinas Hufe sie trugen, desto kälter wurde es. Aber sie biss die Zähne zusammen. Jetzt nur nicht stehen bleiben oder gar umkehren! Hoch oben im Himmel, wo die anderen Zauberponys flogen, war es schließlich noch eisiger. Also würde Rubina sich von der Kälte nicht aufhalten lassen!

Inzwischen war es dunkel geworden. Der Wind pfiff der kleinen Stute um die Ohren, und sie zitterte vor Kälte.

„Wohin so eilig?", ertönte da plötzlich eine warme, tiefe Stimme.

Schwer atmend blieb Rubina stehen. Sie war auf einer Hochebene angelangt. Vor ihr lag im fahlen Mondlicht ein silbrig glänzender See, von dem mehrere kleine Flüsse abzweigten. Geheimnisvoll funkelnde Brücken führten in verschiedene Richtungen.

Rubina sah sich staunend um. Auf einer der Brücken stand ein seltsames Zauberpferd. Es trug ein Geweih auf dem Kopf. So ein merkwürdiges Wesen hatte die kleine Stute noch nie gesehen!

„Schön, dass du gekommen bist", sagte das Zauberpferd und ging auf Rubina zu.

„Wer bist du?", fragte Rubina halb ängstlich, halb neugierig.

„Ich bin Malik, der Wächter der magischen Brücken", erklärte das Pferd mit dem Geweih. „Und du möchtest also herausfinden, was deine Aufgabe im Leben ist?!"

„Nein, wie kommst du darauf?" Rubina blickte Malik erstaunt an. „Ich bin einfach nur weggelaufen. Dabei bin ich zufällig hier gelandet."

Das Pferd mit dem Geweih lachte. „Hierhin kommt niemand zufällig", erklärte es. „Deine Hufe haben dich genau an den Ort getragen, an dem du die Antworten auf deine wichtigsten Fragen bekommst."

Rubina schüttelte verwirrt den Kopf. „Aber ich habe gar keine Fragen!"

Plötzlich kam ihr alles sehr unwirklich vor. Ob sie wohl träumte? Mit den Zähnen schnappte sie sich eine lange Haarsträhne aus ihrer Mähne und zog daran. Autsch, das tat weh! Also war das, was sie gerade erlebte, nicht nur ein Traum.

„Weshalb bist du denn weggelaufen?", fragte Malik freundlich.

„Weil ich immer noch nicht fliegen kann!", berichtete Rubina niedergeschlagen. „Fast alle Zauberponys in unserer Gegend können fliegen – sogar Elisa, und die ist viel jünger als ich! Nur bei mir will und will es einfach nicht klappen." Beim Gedanken an Elisa und die anderen wurde Rubina wieder ganz wütend.

„Vielleicht gibt es einen wichtigen Grund dafür, dass du nicht fliegen kannst", gab Malik zu bedenken.

„Wie meinst du das?" Rubina horchte auf.

Malik holte tief Luft. „Manche Zauberpferde haben ganz besondere Aufgaben", erklärte er. „Es gibt zum Beispiel Erdpferde, Wasserpferde, Feuerpferde und viele andere, die nicht fliegen können."

Rubina hörte gespannt zu. Davon hatte sie noch nie zuvor etwas gehört!

„Siehst du all die Brücken hier?", fragte Malik.

Rubina nickte.

Mit ruhiger Stimme fuhr der Hengst fort: „Jede Brücke steht für eine bestimmte Lebensaufgabe. Nur eine davon passt zu dir, und du musst selbst herausfinden, welche Brücke die richtige für dich ist."

Zögernd trat Rubina auf die erste Brücke zu. Sie funkelte geheimnisvoll im Mondlicht. Als die kleine Stute einen Huf auf die Brücke setzen wollte, rutschte sie beinahe aus. Die Oberfläche war spiegelglatt wie blankes Eis! Rubina versuchte es noch einige Male. Aber es gelang ihr nicht, die Brücke zu betreten.

Nun lief Rubina zu der zweiten Brücke. Doch auch hier hatte sie kein Glück. Die Brücke, die von brennenden Kerzen gesäumt war, verströmte eine glühende Hitze.

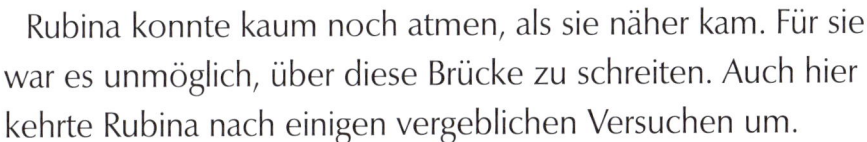

Rubina konnte kaum noch atmen, als sie näher kam. Für sie war es unmöglich, über diese Brücke zu schreiten. Auch hier kehrte Rubina nach einigen vergeblichen Versuchen um.

Sie schaute sich fragend nach Malik um. Er nickte ihr aufmunternd zu. „Die erste Brücke führt zum Reich von Schnee und Eis", erklärte er. „Die zweite zur Welt des Feuers. Du musst wohl weiter probieren."

Als Rubina auf die dritte Brücke zuging, wurde ihr plötzlich wohlig warm. Von dieser Brücke fühlte sie sich magisch angezogen. Mit festen Schritten betrat Rubina die Brücke und ging ans andere Ufer.

Als sie dort ankam, traute sie ihren Augen kaum. Überall funkelten die herrlichsten Kristalle!

Ein freundlich lächelnder Stern schwebte auf Rubina zu.
„Willkommen in der Welt der Kristalle", sagte er.
„Nun weißt du also, dass du ein Kristallpferd
bist. Kristallpferde können niemals fliegen.
Um ihre Heilkraft zu spüren, müssen sie immer
mit dem Erdboden verbunden sein."

Rubinas Herz klopfte bis zum Hals. „Aber welche Aufgaben
habe ich als Kristallpferd?"

Der Stern erwiderte: „Als Kristallpferd bist du
für das Wohlergehen der Wesen um dich herum
zuständig. Jeder Kristall und jeder Edelstein hat
eine besondere Heilwirkung. Wenn du die Steine
mit deinem Horn antippst, nimmst du ihre Heilkraft in dich auf. Anschließend kannst du den Tieren und
Pflanzen in deiner Umgebung helfen, indem du sie mit
deinem Horn berührst."

Rubina hatte ganz genau zugehört. Plötzlich fühlte sie
sich groß und stark. Es machte ihr überhaupt nichts mehr
aus, dass sie nicht fliegen konnte. Jetzt, wo sie ihre Aufgabe
kannte, freute sie sich schon auf die Heimkehr.

„Ich will gerne allen helfen, die krank oder in Not sind!",
sagte sie entschlossen.

Der Stern führte sie zu einem Eimer voller Kristalle. „Hier hast du einen Vorrat an Heilsteinen. Nimm sie mit und finde heraus, welche Heilkraft in ihnen steckt."

„Vielen Dank, lieber Stern!", rief Rubina und machte sich mit den Kristallen auf den Weg. Sie konnte es kaum erwarten, nach Hause zu kommen. Unterwegs traf sie noch einmal auf Malik. „Danke sehr!", sagte sie zu ihm. „Nun habe ich meine Aufgabe gefunden. Und ich habe mir fest vorgenommen, die anderen Zauberponys nie wieder um etwas zu beneiden."

Malik nickte wohlwollend. „Ich wünsche dir viel Glück beim Erfüllen deiner Aufgabe", sagte er. „Und wenn du wieder einmal Sorgen hast, kannst du jederzeit zu mir kommen."

„Ja, gerne!" Voller Zuversicht lief Rubina nach Hause. Sie wusste jetzt, dass es nicht wichtig war, alles zu können. Rubina war stolz darauf, was sie von Natur aus war: ein Kristallpferd!

Ein Zauberpony für Mira

Die kleine Fee Mira hatte alles, was man sich nur wünschen konnte. Sie lebte mit ihrer Familie in einer gemütlichen Wohnung hoch oben in einer mächtigen Buche. Ihr Zimmer war überall mit Herzchen verziert, und Mira besaß die tollsten Spielsachen und mehrere Musikinstrumente, auf denen sie wunderschöne Melodien spielen konnte.

„Du bist wirklich ein Glückspilz", sagten Miras Freundinnen.

Doch leider fühlte Mira sich nicht glücklich! Sie hatte einen einzigen, großen Herzenswunsch, an den sie Tag und Nacht denken musste: Mira wünschte sich ein Zauberpony! Es musste kein besonders großes oder prächtiges Pferd sein. Nur ein süßes Pony mit flauschigem Fell und einer zarten Nase, die Mira streicheln konnte.

Immer und immer wieder malte die Fee sich aus, wie ihr Zauberpony sie mit hellem Wiehern begrüßen würde, wie es ihr freudig entgegenkäme und wie warm und weich es sich anfühlen würde.

Für ein Zauberpony hätte Mira alles hergegeben, was sie besaß. Aber leider dachten ihre Eltern gar nicht daran, ihren Wunsch zu erfüllen.

„Dafür bist du noch viel zu klein", sagte ihr Vater.

Und ihre Mutter meinte: „So ein Zauberpony hält dich nur vom Lernen ab. Darüber können wir später einmal nachdenken, wenn du die Feenschule abgeschlossen hast."

So kam es, dass Mira immer trauriger wurde. Stundenlang stand sie am Fenster ihres Zimmers und blickte hinaus. Ihr war zum Weinen zumute, wenn sie die anderen Feen mit ihren Zauberpferden durch die Luft sausen sah.

Warum nur durfte ausgerechnet Mira nicht mitmachen?

„Geh doch mal raus", sagte Miras Mutter, als die kleine Fee wieder einmal traurig am Fenster stand. „Du wirst sehen, man kann auch ohne Zauberpony viel Spaß haben!"

Lustlos trottete Mira nach draußen und spazierte ein bisschen durch den Feenwald. Es duftete nach Laub und Erde, und bald merkte die kleine Fee, dass ihr die Bewegung guttat.

An einer sonnigen Stelle entdeckte sie jede Menge köstliche Erdbeeren, und ganz in ihrer Nähe huschte ein puscheliges kleines Eichhörnchen vorbei.

Mira lief immer weiter und merkte gar nicht, wie die Zeit verging. Am Rand einer Waldlichtung blieb sie stehen. Was für herrliche Blumen hier wuchsen!

Mira bemerkte einen kleinen Vogel, der aufgeregt über die Lichtung flatterte. Rastlos flog er hin und her und schien etwas zu suchen.

„Hallo, kleiner Vogel!", rief die Fee. „Was ist mit dir los? Brauchst du Hilfe?"

Das Vöglein hielt für einen Augenblick inne. „Es ist so schrecklich!", jammerte es. „Stell dir vor, eines meiner Eier ist aus dem Nest verschwunden! Ich muss es unbedingt schnell wiederfinden, denn die Küken brauchen doch Wärme, damit sie wachsen können."

Die Fee zögerte keine Sekunde. „Ich helfe dir suchen!", rief sie sofort.

„Wirklich?" Die Vogelmutter sah sehr erleichtert aus. „Das ist lieb von dir! Suchst du das Waldstück von hier bis zum Fluss ab? Dann übernehme ich die andere Seite bis zum Moor!"

„Gute Idee!", rief Mira. „Wir treffen uns später wieder hier!"

Eilig flog die kleine Fee los. Voller Mitgefühl dachte sie an die arme Vogelmama. Hoffentlich würde das Ei rechtzeitig wieder auftauchen!

Mira flog dicht über die Baumkronen hinweg und sah sich aufmerksam um.

Immer wieder traf sie auf Waldtiere und andere Feen. Mira fragte jeden, der ihr begegnete, nach dem verlorenen Ei – doch niemand hatte es gesehen.

Allmählich wurde die kleine Fee müde, und ihre Hoffnung begann zu schwinden. War es nicht völlig aussichtslos, in diesem riesigen Wald nach einem klitzekleinen Ei zu suchen?

Plötzlich bemerkte Mira eine Bewegung im Unterholz. Nanu, wer tapste da auf leisen Pfoten herum?

Ganz vorsichtig, damit sie ja nicht gehört wurde, flog die Fee näher heran. Dann stockte ihr der Atem: Da schlich ein Fuchs durchs Dickicht – und Mira sah auch, was er in den Pfoten hielt: ein kleines, weißes Ei mit blauen Punkten!

Die Fee überlegte blitzschnell. Der Fuchs war viel größer und stärker als sie, doch sie hatte keine andere Wahl: Sie musste ihn zur Rede stellen!

„Guten Tag, Herr Fuchs!", rief Mira laut.

Der Fuchs drehte sich erschrocken um. Als er die kleine Fee sah, breitete sich ein erleichtertes Lächeln auf seinem Gesicht aus. „Guten Tag, Fräulein Fee", säuselte er. „Was treibt dich denn in diesen abgelegenen Teil des Waldes?"

Mira nahm ihren ganzen Mut zusammen. „Ich suche das Ei, das du in den Pfoten hältst", sagte sie. „Bitte gib es mir, damit ich es der Vogelmutter zurückbringen kann."

Der Fuchs lachte höhnisch. „Das hättest du wohl gerne, was? Aber ich denke gar nicht daran. Ich werde es mir gleich in meinem Bau gemütlich machen und mir das Ei schmecken lassen. So einen Leckerbissen erwischt man schließlich nicht jeden Tag."

„Aber das Ei gehört dir nicht!", rief Mira empört.

Die Augen des Fuchses wurden zu kleinen Schlitzen.
„Hör mal zu, du kleine Fee!", zischte der Fuchs und zeigte
seine spitzen Zähne. „Misch dich gefälligst nicht in Dinge
ein, die dich nichts angehen!"

Mira wich ein Stück zurück. Doch so leicht gab sie nicht auf.

„Vielleicht können wir ja tauschen", schlug die Fee vor.
„Ich besorge dir einen wunderschönen Kristall, wenn du mir
dafür das Ei gibst."

Der Fuchs schüttelte den Kopf. „Aus
Kristallen mache ich mir nichts."

„Wie wäre es mit einem Korb
voller Brombeeren?", schlug
Mira vor. Sie wusste, dass
Füchse Beeren lieben.

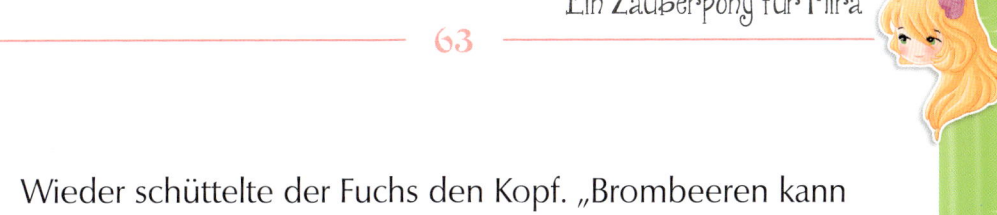

Wieder schüttelte der Fuchs den Kopf. „Brombeeren kann ich mir selber pflücken", knurrte er.

Da hatte Mira eine Idee. „Und wie sieht es mit Erdbeeren aus?", fragte sie.

Der Fuchs leckte sich die Lippen. Erdbeeren waren seine Lieblingsspeise! „Wenn du mir einen Korb voll Erdbeeren bringst, kannst du das Ei wiederhaben", sagte er.

Miras Herz klopfte bis zum Hals. „Versprochen?", fragte sie.

Der Fuchs nickte. „Versprochen!", sagte er und legte das Ei vorsichtig auf den Waldboden. „Ich warte hier."

So schnell sie konnte, flog Mira zu der Stelle, an der sie zuvor die Erdbeeren entdeckt hatte. Aus Weiden- zweigen flocht sie einen Korb und füllte ihn bis zum Rand mit Beeren. Uff! Der Korb war so schwer, dass Mira ihn kaum tragen konnte. Doch sie biss die Zähne zusammen und schleppte ihn zu dem wartenden Fuchs.

Dem Fuchs lief das Wasser im Mund zusammen, als er die Beeren sah. „Danke, kleine Fee!", rief er und schnappte sich den Korb.

Behutsam nahm Mira das Ei hoch und machte sich damit auf den Weg zu Frau Vogel.

Die Vogelmutter wartete schon an der vereinbarten Stelle. Sie konnte ihr Glück kaum fassen, als Mira mit dem Ei erschien.

Schnell legte sie das Ei zu den anderen Eiern ins Nest. „Hoffentlich geht es dem Küken gut", sagte Frau Vogel bang und lauschte an der Eierschale.

Nach wenigen Sekunden atmete sie erleichtert auf. „Das Küken lebt!", rief sie glücklich. „Es pickt schon mit dem Schnabel gegen die Eierschale. Bestimmt wird es bald schlüpfen. Tausend Dank, dass du mein Baby gerettet hast!"

Mira lächelte. „Das habe ich gerne gemacht", versicherte sie. „Leb wohl, Frau Vogel! Und pass immer gut auf deine Eier auf!"

Gut gelaunt flog Mira los. Eigentlich wollte sie sich auf den Heimweg machen. Doch plötzlich merkte sie, dass sie in eine völlig andere Richtung flog. Bald kam sie zu einer sonnigen Waldlichtung, auf der zauberhaft glitzerndes Moos wuchs.

Mira landete und sah sich um. Am Rand der Lichtung entdeckte sie eine Baumhöhle, von der ein geheimnisvolles Leuchten ausging. Zögernd lief die Fee auf die Höhlenöffnung zu. Als sie näher kam, entdeckte sie zahllose funkelnde Sterne, die sie magisch anzogen. Mira wusste nicht, weshalb – aber sie konnte nicht anders, als weiterzugehen.

Schritt für Schritt ging die Fee in die Höhle hinein. Bald kam sie in einen Raum, der von hellem Tageslicht durchflutet war.

Die Wände des Raumes waren mit kunstvollen Malereien verziert. Auf den Bildern waren die verschiedensten Pferde zu sehen: kleine Ponys und langbeinige Vollblüter, Zauberpferde mit wallenden Mähnen, geflügelte Pferde und Einhörner ...

Staunend betrachtete Mira die Malereien. Wer hatte sich wohl die Mühe gemacht, diese abgelegene Baumhöhle so wunderbar zu gestalten?

Die kleine Fee war so in die Betrachtung der Bilder vertieft,

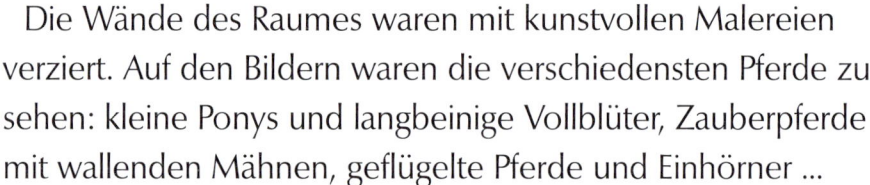

dass sie das Wesen nicht bemerkte, das inzwischen am Höhleneingang aufgetaucht war. Erst als eine warme, klingende Stimme ertönte, fuhr Mira erschrocken herum. Im Eingang stand ein großes, prächtiges Zauberpferd mit einer funkelnden Krone auf dem Kopf.

„Sei gegrüßt, kleine Fee!", sagte das Zauberpferd. Mira atmete auf. Sie spürte, dass von dem Pferd keine Gefahr ausging.

„Ich bin Equos, der König der Zauberpferde", erklärte das Pferd. „Du warst heute sehr mutig, liebe Mira! Du hast keine Mühe und keine Gefahr gescheut, um der Vogelmutter und ihrem Küken zu helfen. Damit hast du bewiesen, dass du reif für ein Zauberpony bist!"

In Miras Kopf wirbelten die Gedanken herum. „Aber ...
aber meine Eltern erlauben mir kein Pony", widersprach sie.

Der Pferdekönig lächelte weise. „Wenn deine Eltern erfahren,
dass du es von mir bekommen hast, werden sie stolz auf dich
sein", versicherte er. „Du hast dir ja bereits die Bilder an den
Höhlenwänden angesehen. Hast du dabei auch herausgefunden,
welches Pony zu dir gehört?"

Mira schüttelte den Kopf.

„Dann sieh dir die Bilder noch einmal in Ruhe an", sagte
Equos. „Ich bin sicher, du findest das richtige Pony."

Langsam schritt Mira an den Bildern entlang. Ob wohl das
Pony mit der blauen Mähne zu ihr passte? Oder das Einhorn,
dessen Flügel wie Herbstlaub leuchteten?

Als Mira weiterging, fiel ihr ein Pony mit lustig getupften Flügeln auf. „Das hier finde ich besonders schön", sagte sie und deutete auf das Bild.

Im gleichen Augenblick kam draußen vor der Höhle ein starker Wind auf, und Mira hörte leises Flügelschlagen. Aufgeregt lief sie zum Höhleneingang – und da stand es, das Zauberpony mit den getupften Flügeln!

„Bitte sehr, liebe Mira!", sagte Equos lächelnd. „Das ist dein Zauberpony Pünktchen. Ich wünsche euch viele glückliche Stunden!"

Ein lauter Donnerschlag ertönte, und der Himmel verdunkelte sich. Dann wurde es plötzlich wieder hell. Verwirrt sah Mira sich um. Nanu – sie stand gemeinsam mit Pünktchen daheim vor ihrer Buchen-Wohnung! Die Höhle und Equos waren spurlos verschwunden.

Aber Hauptsache, Pünktchen war da! Mira schlang beide Arme um ihr Zauberpony und drückte es, so fest sie konnte.

„Willkommen zu Hause", sagte sie leise.

Pünktchen antwortete mit einem freundlichen Wiehern.

Nun kamen Miras Eltern herbeigelaufen und staunten über das prächtige kleine Pferdchen. Als sie hörten, wie Mira zu Pünktchen gekommen war, waren sie sehr stolz auf ihre Tochter.

„Wenn der König der Zauberpferde findet, dass du reif für ein eigenes Pony bist", sagte ihre Mutter lächelnd, „dann schließen wir uns seiner Meinung an."

An diesem Abend war Mira die glücklichste Fee im ganzen Feenreich. Eng an Pünktchen gekuschelt schlief sie ein und träumte von spannenden gemeinsamen Abenteuern ...

Besuch im Unterwasserreich

„Komm, wir machen einen Ausflug zum Seerosenteich!"
Die kleine Fee Veronica kletterte auf den Rücken ihres
Lieblings-Zauberponys Zimba.

Freudig breitete Zimba die Flügel aus, und schon ging es los!
Immer höher und höher flogen die beiden in den Himmel
hinauf. Veronica vergrub ihre Hände in Zimbas weichem Fell.
Unter ihnen lag das zauberhafte Feenreich mit seinen grünen
Wiesen und lieblichen Bächen. Ab und zu sah Veronica ein
Häschen oder ein paar Rehe davonspringen.

Bald erreichten sie den Seerosenteich. Zimba wusste genau, wo die kleine Fee hinwollte. Vorsichtig landete das Zauberpferd auf einem großen Seerosenblatt.

„Danke, Zimba!" Liebevoll knuddelte Veronica das Pferdchen, bevor sie von seinem Rücken kletterte.

Das Seerosenblatt schaukelte gemütlich hin und her, und Veronica machte es sich neben Zimba gemütlich.

Was es hier alles zu sehen gab! Die kleine Fee liebte nicht nur die prächtigen Seerosen, die leuchtend rot und pink aus dem Wasser ragten. Es machte ihr riesigen Spaß, die Fische im Teich zu beobachten. Hier im Feenreich gab es nämlich ganz besondere Fische. Sie waren sehr klug, und viele von ihnen verfügten über magische Fähigkeiten. Manche Fische im Seerosenteich trugen sogar kleine Kronen. Veronica hatte schon viel von der magischen Unterwasserwelt gehört, in der noch viele weitere Tiere lebten sollten.

„Sieh nur, wie elegant die Fische durchs Wasser gleiten!", sagte Veronica zu ihrem Pferdefreund. Sehnsüchtig blickte sie einem großen Fisch nach, der pfeilschnell durchs Wasser schoss.

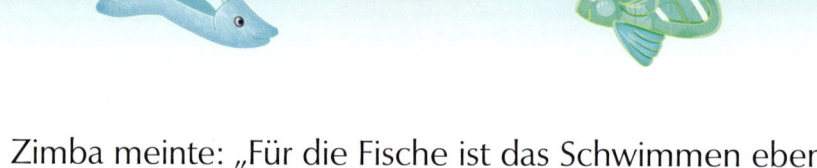

Zimba meinte: „Für die Fische ist das Schwimmen eben ganz selbstverständlich – so wie das Fliegen für uns."

Veronica seufzte. „Ich würde so gerne auch einmal im Teich herumschwimmen und tief unter die Oberfläche tauchen!", meinte sie.

Ihr Ponyfreund schüttelte den Kopf. „Lass das lieber bleiben", riet Zimba der kleinen Fee. „Du weißt doch, wie unangenehm nasse Flügel sind! Oft dauert es Stunden, bis man wieder richtig fliegen kann."

„Na und?", erwiderte Veronica. „Dann verzichte ich eben mal ein paar Stunden aufs Fliegen." Verträumt blickte sie über die glitzernde Wasseroberfläche. „Ich würde alles dafür geben, wenn ich nur ein einziges Mal ins Reich der Zauberfische hinabtauchen könnte!"

Plopp! Kaum hatte Veronica diesen Wunsch ausgesprochen, da stand plötzlich ein kleiner Frosch vor ihr. Er hielt ein Seerosenblatt am Stängel, sodass es sich wie ein Schirm über seinem Kopf wölbte.

„Huch!" Veronica war erschrocken aufgesprungen. „Wo kommst du denn plötzlich her?"

„Natürlich aus dem Teich", erwiderte der Frosch gelassen. „Ich habe zufällig gehört, dass du ins Reich der Zauberfische abtauchen willst."

Veronica nickte eifrig. „Ja, das wünsche ich mir sehr! Aber leider kann ich nicht schwimmen. Kannst du es mir vielleicht beibringen?"

Der Frosch zögerte. „Nimmst du mich dafür mit in die Luft?", wollte er wissen. „Ich bin noch nie in meinem Leben geflogen."

„Ich nehme dich gerne mit!", rief die kleine Fee. „Halte dich gut an mir fest!"

Der Frosch hüpfte auf ihren Rücken. Vorsichtig flog Veronica zum Seeufer und wieder zurück.

„Danke sehr!", rief der Frosch mit leuchtenden Augen. „Das hat Spaß gemacht! Und jetzt zeige ich dir, wie man richtig schwimmt."

Veronica konnte es kaum erwarten, im kühlen Seerosenteich zu baden. Zum Glück kannte sie den Zauberspruch für eine komplette Badeausstattung auswendig.

Sie sagte ihn auf – und schon stand sie im Badeanzug auf dem Seerosenblatt. Und nicht nur das: Die kleine Fee trug auch eine Taucherbrille mit Schnorchel.

Aber oje – das Schwimmen lag ihr gar nicht! Für kurze Zeit konnte sie sich über Wasser halten. Doch schon nach wenigen Metern gelang es ihr nicht mehr, die Arme und Beine richtig zu bewegen. Immer wieder ging Veronica beinahe unter. Verzweifelt strampelte sie durchs Wasser.

Wie gut, dass ihr Ponyfreund Zimba immer in der Nähe war! Er passte genau auf. Immer wenn Veronica nach unten sank, war Zimba zur Stelle und zog seine Freundin aus dem Wasser.

Am Abend war Veronica völlig entmutigt. „Ich hätte nie gedacht, dass Schwimmen so schwer ist", seufzte sie und rieb sich die schmerzenden Glieder.

„Kopf hoch!", quakte der kleine Frosch.
„Du wirst sehen – morgen klappt es schon viel besser!"
Zauberpony Zimba half Veronica beim Aufsteigen und trug sie sicher zurück zu ihrer Heimatwiese. Dort kuschelte sich die kleine Fee in ihr Blütenbett. Kurz darauf war sie eingeschlafen und träumte davon, wie ein Fisch durchs Wasser zu gleiten.
Die nächsten Tage vergingen wie im Flug. Jeden Morgen flogen Veronica und Zimba zum Seerosenteich. Die kleine Fee übte beharrlich weiter, obwohl sie oft keine Lust mehr hatte. Weshalb musste sie sich für jeden Schwimmzug so anstrengen, während das Schwimmen den Fischen und den anderen Teichbewohnern so leicht fiel?

Doch siehe da: Eines Tages wurde Veronicas Mühe belohnt!

„Juhu, ich kann es!", rief die Fee stolz. „Ich kann endlich schwimmen!"

Zimba und der kleine Frosch freuten sich mit ihr. Und weil es so gut klappte, tauchte Veronica noch am gleichen Tag ins Unterwasserreich hinunter. Staunend sah sie sich um. Hier unten wuchsen wunderschöne, bunte Korallen und Seealgen. Im türkisfarbenen Wasser begegnete Veronica vielen wunderbaren Tieren. Sie entdeckte eine Schildkröte mit glitzernder Krone, ein zauberhaftes Seepferdchen und viele Fische, die in den herrlichsten Farben schillerten.

Veronica konnte sich gar nicht satt sehen. Doch bald musste sie auftauchen, um Luft zu holen. Prustend schwamm sie zu dem Seerosenblatt hinüber, auf dem Zimba und der Frosch warteten.

„Das war toll!", rief Veronica strahlend. „Aber jetzt brauche ich erst einmal eine Pause."

Eine leichte Brise strich über den Teich, und es dauerte nicht lange, bis die Sonne die Flügel der kleinen Fee getrocknet hatte.

„Wer hat Lust auf einen Rundflug?", fragte Veronica, als sie sich genug ausgeruht hatte.

„Ich!", riefen Zimba und der kleine Frosch wie aus einem Mund.

Kurz darauf starteten die drei durch. Zimba flog vorne, und Veronica folgte mit dem Frosch auf dem Rücken.

„Wisst ihr was?", rief die kleine Fee und schoss übermütig an ihrem Ponyfreund vorbei. „Schwimmen ist schön – aber hier oben in der Luft fühle ich mich noch viel wohler als unten im Wasser!"

„Also, bei mir ist es genau andersherum", quakte der Frosch. „Könnt ihr mich bitte wieder zum Teich zurückbringen?"

Wenig später setzten Veronica und Zimba den Frosch am Seeufer ab. „Vielen Dank!", rief der Frosch. „Zu Hause ist es doch am schönsten!"

Und da waren Veronica und ihr Zauberpony Zimba ganz seiner Meinung!

Das Sternenpony

„Libra!" Die Stimme der Himmelsfee Gloria hallte weit durch den Himmel. „Libra! Wo steckst du denn?"

 Ein freundliches Wiehern kam als Antwort zurück. Und dann tauchte Libra auch schon auf. In ihrer Mähne funkelten Dutzende von kleinen Sternchen, und sie zog eine lange Spur aus Glitzerstaub hinter sich her.

Libra war ein ganz besonderes Pferdchen: Sie gehörte zu den Sternenponys. Diese Ponys tragen so viel Licht und Liebe in sich, dass in ihrer Nähe niemand unglücklich sein kann. Wenn ein Sternenpony über den Himmel fliegt, bildet sich hinter ihm ein langer Bogen aus kleinen Sternchen. Diese winzigen Sternchen sinken allmählich zur Erde hinab. Die Menschen können sie nicht sehen, aber sie spüren ihre heilsame Wirkung – denn die Sternchen helfen allen, die gerade Sorgen haben oder nachts schlecht träumen.

Manche Menschen brauchen nur ab und zu etwas Unterstützung, wenn sie gerade einmal Kummer haben. Es gibt aber auch Menschen, die unter starken Schmerzen oder großer Angst leiden. In solchen Fällen lassen die Sternenponys Hunderte und Tausende von heilsamen Sternchen herabrieseln. Ein solcher Sternenregen hilft auch gegen die Albträume, die manche Kinder nachts haben.

Die Sternenponys sind also wichtige Helfer der Menschen. Doch heute fragte sich die Himmelsfee Gloria, ob vielleicht auch ein Sternenpony einmal Hilfe brauchte.

Gloria machte sich Sorgen um das Sternenpony Libra, das sich in letzter Zeit immer mehr zurückgezogen hatte. Ob dem Pony wohl etwas fehlte?

„Was ist denn mit dir los?", wollte die Fee von dem Sternenpony wissen. „Ich habe dich seit Tagen nicht mehr gesehen. Wo steckst du bloß die ganze Zeit?"

Libra blickte die Himmelsfee mit ihren großen, klaren Augen an. „In den letzten Tagen brauchte ich etwas Ruhe", gab sie zu. „Ich habe nämlich eine wunderbare Überraschung für dich und für die anderen Himmelswesen. Aber ich muss noch etwas erledigen, bevor du alles erfährst, liebe Gloria. Bis bald also!"

Nachdenklich blickte die Himmelsfee dem Sternenpony nach, das nun wieder zwischen den glitzernden Sternen, Kometen und Planeten verschwand.

Was hatte das nur zu bedeuten? Grübelnd ging Gloria ihren täglichen Aufgaben nach und sah am Himmel nach dem Rechten. Sie polierte hier und dort einen Stern, schaute bei einigen kleinen Planeten vorbei und verteilte frischen Glitzerstaub auf der Himmelstreppe.

Da kam plötzlich das Sternenpony Vega angaloppiert. „Sieh nur, Gloria!", rief es aufgeregt und deutete auf einen Stern mit einem langen Schweif, der langsam über den Himmel zog.

Gloria stutzte. Nanu – diesen Stern hatte sie bisher noch nie gesehen! Die weise Himmelsfee wusste genau, was es bedeutete, wenn ein neuer Schweifstern am Himmel auftauchte: Solche Sterne erschienen immer dann, wenn ein neues Himmelswesen das Licht der Welt erblickt hatte!

„Komm schnell, Vega!", sagte sie zu dem Sternenpony. „Wir folgen dem Stern!" Wohin er sie wohl führen würde?

Bald schlossen sich weitere Himmelsfeen und Sternenponys an. Auch sie hatten den Stern mit dem langen Schweif entdeckt und wollten wissen, was er zu bedeuten hatte.

Der Stern wanderte zielstrebig über den Himmel, und nach einiger Zeit erkannte Gloria, worauf er zusteuerte: Er flog zum stillen Feld – einem Himmelsbereich, in dem besonders starke magische Kräfte wirken.

Je näher sie dem stillen Feld kamen, desto geheimnisvoller wurde die Stimmung. Tausende von kleinen Glitzersternchen hingen in der Luft und kitzelten die Feen und Zauberponys.

Der Stern flog auf eine dichte Nebelwolke zu, von der ein merkwürdiges Strahlen ausging. Gloria, die vor den anderen flog, holte tief Luft, bevor sie in die Wolke eintauchte.

Im Inneren der Wolke war die Luft ganz klar. Der Raum war erfüllt von einem warmen, strahlenden Licht, und auf einem weichen Wolkenbett schlief eng zusammengerollt ein winzig kleines Sternenfohlen!

„Bitte weckt die Kleine nicht auf", ertönte jetzt die vertraute Stimme von Libra. Sie trat den Besuchern entgegen und lächelte Gloria an. „Nun weißt du, weshalb ich mich zurückgezogen habe. Heute Morgen wurde meine Tochter Milly geboren."

„Was für eine himmlische Überraschung!", rief Gloria. Andächtig betrachtete sie das kleine Fohlen, das im Schlaf ein wenig mit den Flügelchen zuckte. „Herzlichen Glückwunsch, beste Libra! Bestimmt wird die kleine Milly ein ebenso gutes Sternenpony wie du!"

Libra erklärte: „Ich war gerade dabei, den Schweifstern loszuschicken, als du mich gerufen hast."

Gloria lachte leise. „Und ich habe nichts gemerkt!"

Bei den Himmelswesen war es Brauch, die Nachricht von einer Geburt durch einen Schweifstern verbreiten zu lassen. Viele glaubten sogar, dass es Unglück brachte, wenn man vor dem Erscheinen des Sterns von einer Geburt erzählte.

Doch jetzt, wo der Stern hell am Himmel leuchtete, konnte jeder von Milly erfahren.

Gloria blickte Libra fragend an. „Dürfen wir die frohe Botschaft nun überall hintragen?"

„Na klar!" Libra strahlte. „Alle sollen sich mit uns freuen!"

Das ließen sich die Himmelsfeen und die Sternenponys nicht zweimal sagen. Fröhlich strömten sie in alle Richtungen aus, um die Nachricht zu verbreiten: Ein neues Sternenpony war geboren!

Unten auf der Erde aber spürten die Menschen, dass heute besonders viel Liebe in der Luft lag. An diesem Tag waren alle freundlich zueinander.

Selbst der brummigste Griesgram hatte plötzlich gute Laune, und das fröhliche Lachen der Kinder hallte weit in den Himmel hinauf.

Als es Abend wurde, funkelten Tausende kleiner Sternchen am Himmel. Es waren die Freudensterne der Himmelswesen, die weithin sichtbar leuchteten. Und ein Schweifstern strahlte besonders hell – der Stern, der die Geburt der kleinen Milly verkündet hatte.

In dieser Nacht träumten viele Kinder auf der Erde von einem neugeborenen Sternenfohlen. Und als Milly hoch oben im Himmel mit ihren klitzekleinen Hufen strampelte, rieselten schon ihre ersten Glitzersternchen zur Erde hinab ...

Die kleine Naschfee

Mmh, wie das duftete! Der verlockende Geruch von frisch gebackenem Kuchen zog durch die Ritzen der mächtigen Eiche, in der die kleine Fee Sofia mit ihrer Familie lebte.

Sofia war gerade dabei, eine kleine Blumenvase zu bemalen. Heute war nämlich ein ganz besonderer Tag: Sofias große Schwester Benita hatte Geburtstag. Die Vase war Sofias Geschenk für Benita.

Voller Vorfreude dachte die kleine Fee an die Leckereien, die es auf Benitas Geburtstagsfeier geben würde. Sofia liebte alles, was süß war. Sie konnte es kaum erwarten, all die Kuchen und Torten, die Kekse und anderen Köstlichkeiten zu probieren!

Endlich war die Vase fertig. Zufrieden betrachtete Sofia die kleinen Sternchen, die sie darauf gemalt hatte. Nun fehlte nur noch eine Blume für die Vase! Sofia lief nach draußen, pflückte eine leuchtend violette Blume und steckte sie in die Vase. Geschafft!

Als die kleine Fee durch den Flur lief, stieg ihr wieder der unwiderstehliche Duft von frisch gebackenen Kuchen in die Nase. Sie beschloss, einen kurzen Blick in die Küche zu werfen. Es würde den Geburtstagstorten ja nicht schaden, wenn Sofia sie einmal aus der Nähe betrachtete!

Sofia hörte Stimmen, die aus dem Wohnzimmer drangen. Bestimmt waren ihre Mutter und Benita gerade dabei, das Zimmer für die Feier zu schmücken!

Sofia lief am Wohnzimmer vorbei und öffnete leise die Küchentür. Warme Luft schlug ihr entgegen. Schnell schlüpfte Sofia in die Küche und schloss die Tür hinter sich.

In der Küche duftete es zuckersüß, und Sofia fühlte sich wie im Schlaraffenland. Auf den Tischen und auf der Anrichte entdeckte die kleine Fee knusprige Kekse, prächtige Torten und bunte Zuckerstangen. Sofia konnte sich gar nicht sattsehen ...

Der kleinen Fee lief das Wasser im Mund zusammen. Natürlich würde Sofia bei der Geburtstagsfeier dabei sein. Sie überlegte schon einmal, von welcher Leckerei sie als Erstes kosten wollte: von den knackigen Nusskeksen, vom Schaumgebäck oder von der Schokoladentorte? Sofia wusste, dass Benita die Schokoladentorte am liebsten mochte. Aber manchmal war sie auch ein wenig bitter – das schmeckte Sofia gar nicht.

Ohne lange nachzudenken, tunkte sie einen Finger in die Schokoladenglasur und probierte. Köstlich! Nein, die Schokolade war nicht bitter. Damit stand Sofias Entscheidung fest: Sie würde das Festmahl mit einem Stück Schokoladentorte beginnen!

Die kleine Fee wollte gerade wieder aus der Küche schleichen, als ihr Blick noch einmal auf die Torte fiel. Oje! In dem weichen Schokoladenüberzug war deutlich die Kuhle zu sehen, die ihr Finger hinterlassen hatte!

Schnell holte Sofia einen Küchenpinsel aus der Schublade und versuchte, etwas Glasur in die Kuhle zu streichen. Doch damit machte sie alles noch viel schlimmer. Der Pinsel hinterließ hässliche Kratzspuren auf der Schokoladenglasur!

Sofia überlegte fieberhaft. Auf keinen Fall durfte irgendjemand merken, dass sie von der Torte genascht hatte.

Bald hatte sie die rettende Idee: Sie nahm ein großes Messer und schnitt das Stück mit den Kratzspuren vorsichtig aus der Torte heraus. Geschafft! Eilig aß sie das Tortenstück auf. Nun konnte es niemand mehr sehen.

Sofia legte ihre Hände um die restliche Torte und drückte von beiden Seiten, bis sich die Lücke schloss. Doch leider ging ihr Plan nicht auf. Zwar war die Lücke in der Torte bald fast nicht mehr zu sehen – aber wie das Backwerk nun aussah! Krumm und schief stand die Torte mit welligen Rändern auf ihrer Platte.

Sofia fühlte sich hundeelend. Was sollte sie bloß tun? Der Appetit auf Süßes war ihr völlig vergangen. Verzweifelt lief die kleine Fee hinaus in den Wald. Sie konnte ihren Eltern und ihrer Schwester jetzt nicht unter die Augen treten! Wie hatte sie nur so gierig sein können, sich ausgerechnet an der Lieblingstorte ihrer Schwester zu bedienen?

Wütend stolperte Sofia durch den Wald. Vor Verzweiflung achtete sie nicht darauf, wohin sie lief. Erst als sie ein lautes Prasseln hörte, hielt die kleine Fee inne.

Nanu – wo war sie denn hier gelandet? Vor ihr ragte eine steile Felswand in die Höhe. Mit ohrenbetäubendem Tosen rauschte ein gewaltiger Wasserfall ins Tal.

Staunend blieb Sofia stehen. In dem See am Fuß des Wasserfalls entdeckte sie einen wunderschönen Pavillon – und dort stand ein großer Vogel mit bunt leuchtenden Federn und blickte sie freundlich an.

„Wohin so eilig?", fragte der Vogel.

„Wenn ich das nur selber wüsste", erwiderte Sofia atemlos. „Ich bin einfach nur weggelaufen."

Der Vogel zupfte mit dem Schnabel ein wenig an seinem Gefieder herum. „Weglaufen ist keine Lösung", sagte er dann. „Weglaufen ist was für Feiglinge. Sei lieber mutig und steh dazu, was du getan hast!"

Sofia schüttelte den Kopf, sodass ihre Haare in alle Richtungen flogen. „Das kann ich nicht!", rief sie. „Meine Schwester würde mir nie verzeihen!"

„Und woher weißt du das so genau?", fragte der Vogel. „Stell dir vor, jemand zerbricht aus Versehen deinen Feenstab." Er blickte Sofia prüfend an. „Was wäre dir dann lieber: dass derjenige heimlich davonläuft – oder dass er dir die Wahrheit sagt und sich bei dir entschuldigt?"

„Natürlich dass er mir die Wahrheit sagt", antwortete Sofia, ohne lange nachzudenken.

„Na eben." Der Vogel nickte zufrieden. „Und genauso geht es auch den anderen Lebewesen auf der Erde."

„Aber bei mir war es kein Versehen", erklärte Sofia und merkte, wie sie dabei rot wurde. „Ich habe heimlich etwas Verbotenes getan."

„Na und?", meinte der Vogel gelangweilt. „Jeder von uns macht Fehler. Das gehört einfach zum Leben dazu. Glaub mir – die beste Medizin gegen ein schlechtes Gewissen ist, sich selbst zu verzeihen und den anderen die Wahrheit zu sagen." Nach diesen Worten breitete er die Flügel aus und schwang sich in die Luft. „Viel Glück, kleine Fee!", rief er noch, bevor er mit kräftigen Flügelschlägen davonflog.

Nachdenklich blickte Sofia hinter ihm her. Die Worte des
Vogels wirbelten in ihrem Kopf herum. Obwohl es ihr wider-
strebte, spürte sie genau, dass er recht hatte. Zögernd setzte
sie sich in Bewegung – ihrer heimatlichen Lichtung entgegen ...

Sofia war noch nicht weit geflogen, als ihr plötzlich eine
Fee entgegenkam. Sie traute ihren Augen kaum: Es war ihre
Schwester Benita!

„Sofia!", rief Benita und strahlte übers ganze Gesicht. „Bin ich
froh, dass dir nichts passiert ist!" Glücklich
schloss sie ihre Schwester in die Arme.
„Ich habe mir solche Sorgen gemacht!
Puh, jetzt muss ich mich
erst einmal setzen!"

Benita landete auf
dem Rand eines
riesigen Pilzes.

Sofia ließ sich neben ihrer Schwester nieder. „Warum bist du nicht bei deiner Geburtstagsfeier?", fragte sie.

„Na, hör mal!", rief Benita. „Wenn meine kleine Schwester verschwunden ist, feiere ich doch nicht in aller Ruhe Geburtstag! Ich habe meine Gäste gebeten, schon mal ohne mich anzufangen. Und jetzt erzähle mir doch bitte, was eigentlich passiert ist."

Sofia holte tief Luft. Zuerst wusste sie nicht recht, wie sie beginnen sollte.

Doch dann sprudelten die Worte nur so aus ihr heraus. Sie erzählte von ihrem Appetit auf Süßes, von ihrer Neugier ... und davon, wie sie ohne lange nachzudenken die Lieblings- torte ihrer Schwester verunstaltet hatte.

„Es tut mir so leid", sagte Sofia. „Ich möchte mich von Herzen bei dir entschuldigen."

Benita strich ihrer Schwester übers Haar. „Ach, du armer kleiner Schatz!", sagte sie. „Weißt du was? Ich finde es gar nicht schlimm, dass du von der Torte probiert hast!"

Sofia konnte es kaum glauben. „Wirklich nicht?"

„Nein, überhaupt nicht!", versicherte Benita. „Ehrlich gesagt habe ich auch schon öfter mal Mist gebaut. Das ist ganz gut so, denn aus solchen Erfahrungen lernt man."

„Was soll man aus so etwas denn lernen?" Sofia blickte ihre Schwester fragend an.

Benita lachte. „Na, dass man es beim nächsten Mal anders macht! Wetten, dass du nie wieder heimlich deinen Finger in einen Kuchen steckst?"

Jetzt musste auch Sofia lächeln. „Das mache ich ganz sicher nie wieder."

„Na also!" Benita stand auf und breitete die Flügel aus. „Komm, lass uns losfliegen! Und wenn du wieder einmal Lust auf was Süßes hast, dann sag einfach Bescheid!"

Hand in Hand flogen die beiden nach Hause, wo die Geburtstagsfeier bereits begonnen hatte.

Sofia war sehr froh, dass sie so eine liebe Schwester hatte. Und Benita ging es genauso!

Beste Freundinnen

Es war noch früh am Morgen. Die kleine Fee Levina gähnte und blinzelte ins Sonnenlicht. Sie wollte sich gerade noch einmal im Bett umdrehen, als sie plötzlich hochschreckte. Moment mal – wieso war es denn schon so hell? Mit einem Schlag war sie wach. Irgendetwas war heute anders als sonst! Levina sprang aus dem Bett und sah aus dem Fenster. Die Blumen hatten bereits ihre Blütenkelche geöffnet. Es war höchste Zeit, in die Feenschule zu fliegen!

Eilig machte sich Levina fertig und flog los. Unterwegs sah sie sich nach ihrer Ponyfreundin Nala um. Wo steckte Nala heute nur? Normalerweise wurde Levina jeden Morgen von ihrem Zauberpony geweckt.

Pünktlich vor Schulbeginn tauchte Nala an Levinas Fenster auf, kam leise herein und weckte die kleine Fee mit einem sanften Stups ihrer weichen Ponynase.

Es war das erste Mal, dass Nala nicht aufgetaucht war. Ob das Zauber-pony wohl verschlafen hatte? Oder war Nala etwa krank?

Während Levina nach ihrer Ponyfreundin Ausschau hielt, fiel ihr etwas Seltsames auf: Heute war am Himmel viel weniger los als sonst. Normalerweise wimmelte es morgens nur so von Feen und Zauberponys. Doch heute waren am ganzen Himmel nur Feen zu sehen! Kein einziges Zauberpony flog durch die Luft. Irgendetwas stimmte da nicht!

In der Feenschule herrschte große Aufregung. Lautes Stimmengewirr erfüllte die Gänge und Klassenzimmer.

„Hallo, Levina!" Die Fee Valentina winkte ihrer Banknachbarin entgegen. „Stell dir vor, unsere Zauberponys sind weg! Hast du deine Nala heute schon gesehen?"

„Leider nein." Levina schüttelte den Kopf. „Nala hat mich heute nicht geweckt. Das tut sie sonst immer!"

Von den anderen Schülerinnen erfuhr sie, dass heute noch kein einziges Zauberpony bei seiner Feenfreundin erschienen war.

„Was hat das bloß zu bedeuten?", überlegte die Blumenfee Aurelia laut. „Die Ponys sind doch unsere Freunde. Hoffentlich ist ihnen nichts passiert!"

„Also, ich finde so einen Tag ohne Pferde gar nicht schlecht!", warf die Fee Kandia ein.

„Habt ihr denn noch nicht daran gedacht, dass wir ohne Zauberpferde auch keinen Unterricht haben?"

Die anderen sahen sie verblüfft an. Kandia hatte recht: Alle Lehrer an der Feenschule waren Zauberpferde – und bisher hatte sich noch keines davon blicken lassen!

„Wo keine Lehrer sind, kann uns auch niemand verbieten, Süßigkeiten zu essen", stellte Kandia fröhlich fest und verteilte Lollis an ihre Mitschülerinnen.

Doch trotz der Näscherei blieben die anderen Feen nachdenklich. Levina und ihre Freundinnen machten sich große Sorgen um die Zauberponys. „Hoffentlich ist ihnen nichts zugestoßen", sagte Levina bang. „Ich kann mir beim besten Willen nicht vorstellen, dass unsere Ponys einfach so davongeflogen sind."

„Vielleicht wollen sie uns ja einen Denkzettel verpassen!", meinte die Kräuterfee Melissa.

„Wie meinst du das?" Die anderen blickten sie fragend an.

„Na ja ..." Melissa trank einen Schluck Kräuterlimonade. „Überlegt doch mal! Die Zauberponys sind immer für uns da, wenn wir sie brauchen. Sie wecken uns morgens auf, sie begleiten uns überallhin, sie stehen uns immer bei."

Levina rief: „Ich weiß, was du meinst! Wir haben uns so an ihre Gesellschaft und Hilfe gewöhnt und bedanken uns viel zu selten bei den Zauberponys!"

Die Feen sahen sich betroffen an. Jede von ihnen hatte ein schlechtes Gewissen. Es stimmte! Die Feen waren tagaus, tagein mit ihren Zauberponys zusammen. Aber die Ponys bekamen kaum einmal den Dank der Feen zu hören.

„Wir sollten öfter einmal einen Ponytag veranstalten", schlug Levina vor. „Einen Tag, an dem wir unsere Ponys richtig verwöhnen und uns Zeit für sie nehmen."

„Au ja! Gute Idee!", riefen die Feen durcheinander.

Doch sie kamen nicht dazu, weiter über den Ponytag nachzudenken. Denn in diesem Augenblick ertönte draußen vor der Feenschule ein vielstimmiges Wiehern.

Die Feen eilten zu den Fenstern – und trauten ihren Augen kaum! Draußen hatten sich alle Zauberponys versammelt. Mit freudig glänzenden Augen schauten sie ihre Feenfreundinnen an, während ein mächtiges Zauberpferd mit einer goldenen Krone das Wort ergriff.

„Liebe Feen!", sagte das Zauberpferd mit seiner warmen, wohlklingenden Stimme. „Einige von euch kennen mich schon. Ich bin Equos, der König der Zauberpferde. Es kommt selten vor, dass ich mich auf den Weg durchs Feenland mache. Heute bin ich hier, um euch im Namen eurer Zauberponys für alles zu danken, was ihr das ganze Jahr über für die Ponys tut."

Levinas Herz klopfte bis zum Hals. Sie war überglücklich, als sie ihre Nala in der Menge der Zauberponys entdeckte.

Nun fuhr Equos fort: „Jeden Tag bürstet ihr das Fell eurer Ponys. Wenn sie krank sind, pflegt ihr sie, und wenn die Ponys Kummer haben, tröstet ihr sie. Aus Dankbarkeit haben die Zauberponys beschlossen, euch mit einem Feentag zu überraschen. Deshalb fällt die Schule heute aus. Jedes Pony hat sich für seine Fee etwas ganz Besonderes ausgedacht. Ich wünsche euch viel Spaß an diesem zauberhaften Tag!"

Nach diesen Worten drehte sich Equos um und trabte davon.

Einen Augenblick lang waren die Feen sprachlos. Dann brachen sie in lauten Jubel aus, und jede Fee eilte zu ihrem Lieblingspony. Was die Ponys sich wohl ausgedacht hatten?

Es stimmte, was Equos gesagt hatte: Jedes Pony hatte etwas vorbereitet, worüber sich seine Feenfreundin besonders freute. Das Pony Melodia hatte für seine Freundin Benita ein wunderschönes Harfenspiel einstudiert.

Die Wasserfee Wanja staunte nicht schlecht, als ihr Pony sie zu einem Schwimmbecken mit Rutsche führte.

Und auch Nala wusste genau, was sich ihre Fee Levina am meisten wünschte: eine ausgiebige Schmusestunde mit ihrem Lieblingspony!

Es war ein wunderbarer Tag, und die Feen genossen ihn in vollen Zügen. Doch sie vergaßen trotzdem nicht, was sie sich morgens vorgenommen hatten!

Am Abend, als sich die Zauberponys in ihre Höhlen zurückgezogen hatten, trafen sich die Feen auf einer Waldlichtung.

„Es war so toll, was unsere Ponys sich ausgedacht haben!", schwärmte Levina. „Jetzt müssen wir gut überlegen, womit wir ihnen eine Freude bereiten können!"

Doch da gab es nicht viel nachzudenken. Jede Fee wusste genau, was ihr Pony am liebsten mochte!

Und da am nächsten Tag Samstag war und die Feen ohnehin keinen Unterricht hatten, stand ihr Beschluss bald fest: Gleich morgen würden sie einen Ponytag für ihre vierbeinigen Freunde veranstalten!

Am nächsten Morgen waren es die Zauberponys, die eine Überraschung erlebten: Jede Fee hatte für ihr Pony etwas Außergewöhnliches geplant. So kam es, dass an diesem Tag manche Ponys in Himmelbetten schaukelten und andere im Ballettsaal tanzten. Levinas Pony Nala schwamm mit den Fischen um die Wette, während sich manch anderes Zauberpferdchen von seiner Fee eine schöne Geschichte vorlesen ließ.

Kaum jemand merkte, dass Equos leise durch das Feenreich spazierte und sich glücklich umsah.

Am Abend rief der König der Zauberpferde alle Feen und Ponys zu sich.

„Liebe Bewohner des Feenreiches!", begann Equos seine Rede.

„Ich bin beeindruckt davon, was ihr euch alles überlegt habt, um euren Liebsten eine Freude zu machen. Ich würde daher vorschlagen", fuhr Equos mit fester Stimme fort, „dass wir in Zukunft jedes Jahr am ersten Wochenende nach der Kirschblüte das Fest der Feen und Ponys feiern.

An diesen beiden Tagen dürft ihr euch gegenseitig verwöhnen und eurem Ponyfreund oder eurer Feenfreundin für alles danken, was ihr das ganze Jahr über voneinander bekommen habt."

Der König der Zauberpferde hatte den Satz noch nicht ganz beendet, als schon ohrenbetäubender Jubel ausbrach. Die Feen klatschten in die Hände, und die Zauberponys trappelten mit den Hufen, so laut sie konnten.

Inmitten des Trubels aber kraulte Levina das seidenweiche Fell ihrer Nala. Sie freute sich schon sehr auf die nächsten Verwöhntage. Insgeheim nahm sie sich aber vor, ihr Zauberpony jeden Tag mit einer liebevollen Kleinigkeit zu überraschen. Schließlich waren Nala und Levina die allerbesten Freundinnen!

Eine ganz besondere Reise

„Sieh nur, wie das glänzt!" Die kleine Fee Ronja hopste übermütig zwischen den Tautropfen herum, die auf der Blumenwiese im Sonnenlicht glitzerten.

Ihre Freundin Natascha, die schon etwas älter war, sagte: „Die Tropfen sehen fast so aus wie Seifenblasen."

Ronja blickte sie fragend an. „Was sind denn Seifenblasen?", wollte sie wissen.

Natascha lachte. „Ich vergesse immer wieder, dass du noch nie in der Welt der Menschen warst.

Also, pass auf: Seifenblasen sind glitzernde Kugeln, die durch die Luft schweben und in allen Farben des Regenbogens schimmern. Sobald man sie berührt, lösen sie sich in Luft auf."

Ronja kicherte. „Deine Geschichten sind echt klasse, Natascha! Wie kommst du nur immer auf die tollen Ideen?"

„Aber das habe ich nicht erfunden", versicherte Natascha. „In der Welt der Menschen gibt es wirklich Seifenblasen."

Ronja machte es sich auf einer Blüte gemütlich und blickte ihre Freundin erwartungsvoll an. „Bitte erzähl mir noch mehr von diesen Männchen oder wie sie heißen."

„Du meinst die Menschen", verbesserte Natascha sie. „Also, sie sind wirklich seltsame Wesen. Stell dir vor, sie haben überhaupt keine Flügel!"

„Ehrlich?" Ronja flatterte eine Runde um ihre Freundin herum. „Aber wie können sie sich dann fortbewegen? Haben sie wenigstens Füße?"

Natascha nickte. „Ja, sie haben Füße, mit denen sie gehen können! Aber wenn sie eine Reise an einen weit entfernten Ort machen wollen, dann benutzen sie große, brummende Kisten, die sie Flugzeuge nennen."

Ronja musste wieder lachen. Sie wusste nicht, ob sie ihrer Freundin glauben sollte. „Sehen diese Flugzeuge aus wie unsere Zauberpferdchen?", fragte sie.

Natascha schüttelte den Kopf. „Nein, sie sind viel größer und können viel weiter fliegen als jedes Zauberpony!"

Nun musste Natascha zur Schule. Ronja, die noch nicht zur Schule ging, blieb auf der Blumenwiese zurück. Sie dachte darüber nach, was ihre Freundin erzählt hatte. Ob es diese Menschen wohl wirklich gab? Ronja hatte schon viel von ihnen gehört. Angeblich war ihre Welt für kleine Feen zu gefährlich. Deshalb durften die Feen erst dann zu den Menschen fliegen, wenn sie die Feenschule besuchten – und auch dann nur in Begleitung ihrer Lehrerinnen.

Während Ronja so vor sich hin grübelte, tauchte ein großer Vogel am Himmel auf.

„Hallo, Vogel!" Ronja sprang auf und winkte ihm zu. „Bist du vielleicht ein Flugzeug?"

Der Vogel lachte nur. „Nein, ganz sicher nicht! Flugzeuge haben keine Federn, und sie sind viel größer als ich. Ein einziges Flugzeug kann Hunderte von Menschen durch die Luft tragen!"

Ronja blickte ihm nach, bis er hinter den Baumwipfeln verschwunden war.

Sie wollte unbedingt mehr über diese Menschen wissen!

Bald flog Ronja im Feenreich umher und fragte viele verschiedene Elfen, Wichtel und Feen, was sie über die Menschen wussten. Dabei kam die kleine Fee aus dem Staunen nicht mehr heraus.

„Viele Menschen benutzen jeden Abend einen Fernseher", berichtete ein Nachtwächter-Elf. „Damit schauen sie sich bunte Bilder an, die sich ganz schnell bewegen."

„Warum schauen die Menschen nicht einfach aus dem Fenster, wenn sie etwas Schönes sehen wollen?", fragte Ronja.

„Das ist ihnen nicht spannend genug", antwortete der Elf.

Die kleine Fee fand es sehr spannend, aus dem Fenster zu schauen. Von ihrem Pilzhäuschen aus gab immer etwas zu sehen!

Im Frühling breitete sich vor Ronjas Fenster ein prächtiges Blütenmeer aus. Im Sommer war die Luft erfüllt von fleißigen Bienen und flatternden Schmetterlingen. Im Herbst leuchtete das Laub in den wunderbarsten Farben. Und im Winter fielen oft dicke Schneeflocken vom Himmel und bedeckten die Landschaft mit einer glitzernden, weißen Schicht.

Ronja konnte kaum glauben, dass das den Menschen zu langweilig sein sollte!

Die kleine Fee wippte nachdenklich auf einer Blüte auf und ab, als ihre Freundin Natascha aus der Schule zurückkam. „Ich hab eine Überraschung für dich!", rief Natascha.

„In der Schule habe ich der weisen Ursa erzählt, dass du nicht an die Menschen glaubst. Da sagte sie, dass du gleich einmal bei ihr vorbeischauen sollst."

Ronja machte sich sofort auf den Weg.

Ursa wartete schon auf sie. „Schön, dass du kommst, Ronja!", sagte sie freundlich. „Ich mag wissbegierige Feen wie dich. Du möchtest also einen Blick in die Welt der Menschen werfen?"

Ronja nickte mit klopfendem Herzen.

Ursa blickte die kleine Fee ernst an. „Dann musst du erst einmal beweisen, dass du schon reif dafür bist", sagte sie. „Nur wenn eine Fee bestimmte Regeln befolgen kann, darf sie in die Welt der Menschen blicken. Pass auf: Wenn du heute Abend nach Einbruch der Dunkelheit über den Feenwald fliegst, wirst du eine Sternenspur sehen.
Folge ihr – alles andere musst du selbst entdecken!"

Gesagt, getan: An diesem Abend schlich Ronja nach Einbruch der Dunkelheit aus ihrer Feenwohnung, die tief unter den Wurzeln einer Tanne lag.

Bald bemerkte die kleine Fee eine Spur aus glitzernden Sternen, die auf dem Waldboden funkelten.

Aufgeregt folgte Ronja den Sternen, die sie immer tiefer in den Wald hineinführten. Der Weg war anstrengend, und bald war Ronja müde und erschöpft. Der Wind wurde immer stärker, doch die kleine Fee kehrte nicht um.

Endlich erreichte sie eine große Lichtung. Vor ihr stand ein zauberhaftes Schloss mit zahlreichen kleinen Türmchen. Die Zimmer waren hell erleuchtet.

Zögernd flog Ronja näher an das Schloss heran. Da öffnete sich ganz oben im Dachgeschoss ein Fenster. Als die Fee in das Zimmer schwebte, entdeckte sie eine große Vase mit einem Strauß glitzernder Sternenblumen.

Neugierig beugte Ronja sich über das Buch, das neben der Vase lag.

Kaum hatte sie es berührt, da wurde auch schon eine bunt glänzende Seite aufgeblättert. Darauf stand:

„Liebe Fee! Du darfst aus jedem magischen Raum dieses Schlosses einen Gegenstand mitnehmen. Wähle hier eine Blume aus und vergiss auch in den nächsten Zimmern nicht, was du gerade gelesen hast!"

Ronja zögerte. Die Blumen waren so schön, dass sie am liebsten alle mitgenommen hätte. Doch die kleine Fee dachte daran, was in dem Buch stand, und zog nur eine einzige Blume aus der Vase. Im gleichen Augenblick öffnete sich die Türe zum nächsten Raum.

In diesem Zimmer blinkten zahllose rote Edelstein-Herzen an den Wänden.

Ronja überlegte gut, bevor sie ein Herz von der Wand pflückte. Es war aus echtem Rubin und fühlte sich ganz warm an.

Als die Fee das nächste Zimmer betrat, erlebte sie eine Überraschung. Vor ihr stand eine prächtige Schatztruhe, die mit zahllosen Edelsteinen gefüllt war. Wie das glitzerte und funkelte!

Ronja konnte sich kaum entscheiden. Nach gründlicher Überlegung nahm sie sich einen Edelstein aus der Truhe.

Als Ronja sich wieder aufrichtete, stand plötzlich Ursa vor ihr. „Herzlich Glückwunsch", sagte sie. „Du hast die Prüfung bestanden! Bei der Auswahl der Blume und der Edelsteine warst du maßvoll und bescheiden. Deshalb darfst du nun einen Blick in die Welt der Menschen werfen. Komm, blicke hier hinein!" Das Zauberpferd deutete auf einen rot schimmernden Diamanten.

Ronjas Herz klopfte bis zum Hals, als sie ihre Augen auf den Edelstein richtete. Schon begann sich alles um sie herum zu drehen. Gleich darauf sah Ronja wieder ganz scharf. Durch den roten Diamanten konnte sie in die Welt der Menschen blicken!

Dort herrschte ein unglaubliches Gedränge. Ronja sah ein Kaufhaus mit langen Treppen, die von selbst hinauf und hinunter fuhren. Überall liefen zweibeinige Wesen ohne Flügel herum, die sehr beschäftigt wirkten. Auf einem Spielplatz sah Ronja zwei Kinder, die Seifenblasen in die Luft pusteten.

Ronja sah staunend in den Diamanten. „Jetzt glaube ich, dass es die Welt der Menschen gibt", sagte sie leise. „Aber dort ist es ganz schön unruhig."

Ursa lächelte. „Siehst du", sagte sie. „Deshalb dürfen nur die älteren Feen zu den Menschen reisen. Für junge Feen ist diese Welt noch zu verwirrend."

Das konnte Ronja nun verstehen. „Vielen Dank, Ursa!", sagte sie und flog zurück zu ihrer Blumenwiese.

Dort wartete Natascha schon auf sie. „Und – glaubst du jetzt, dass es die Menschen gibt?", wollte sie wissen.

Ronja nickte. „Ich hab sie selbst gesehen", sagte sie. „Aber unsere Feenwelt gefällt mir tausendmal besser."

An diesem Abend schlief Ronja früh ein. Im Traum besuchte sie noch einmal die Welt der Menschen – so, wie die Menschenkinder in ihren Träumen manchmal ins Feenreich kommen. Im Traum ist schließlich alles erlaubt!

Der große Ball

Es war eine zauberhafte Vollmondnacht. Am Himmel funkelten Tausende Sterne, und im Wald huschten überall festlich gekleidete Feen und Elfen umher. Sie trafen die letzten Vorbereitungen für den großen Ball, mit dem sie heute die Mittsommernacht feiern wollten.

Die Luft war erfüllt von kleinen Schmetterlingen, die im silberhellen Mondlicht tanzten. Aus dem Ballsaal drang leise Musik. Die Feen trugen ihre schönsten Kleider und hatten die Haare zu kunstvollen Frisuren hochgesteckt. Viele von ihnen trugen Blütenkelche als Kopf-schmuck oder hatten ihre Kleidung mit Blumen verziert.

Gespannt warteten alle auf die Glockenschläge, mit denen der Elfenprinz den Ball eröffnen würde.

Nur die kleine Fee Paloma hatte überhaupt keine Lust auf den Ball. Sie lebte erst seit Kurzem im Feenwald und hatte hier noch keine Freunde gefunden. Traurig saß Paloma auf dem Sofa und dachte an ihr altes Zuhause am Ufer eines großen Sees.

Wie gerne wäre Paloma jetzt bei ihren alten Freunden gewesen und hätte die Mittsommernacht draußen am Seeufer gefeiert – gemeinsam mit den Fröschen und Grillen, den Libellen und den Fledermäusen.

Die Waldfeen dagegen trafen sich jedes Jahr zur Mittsommernacht in einem festlichen Ballsaal im Stamm einer alten Linde.

„So ein richtiger Feenball mit Musik und Tanz ist etwas Wunderschönes", sagte Palomas Mutter. „Ich bin sicher, dass es dir gefallen wird. Außerdem lernst du auf dem Ball vielleicht auch einige Feen und Elfen in deinem Alter kennen."

Nun drangen von draußen laute Stimmen in die Feen-wohnung. „Der Elfenprinz ist da!", riefen die Feen und Elfen durch den Wald. „Der Ball kann beginnen!"

Kurz darauf drangen die zehn Glockenschläge durch die Nacht, mit denen der Ball eröffnet wurde. Zögernd machte Paloma sich auf den Weg zum Ballsaal.

Der Saal war wundervoll geschmückt. Auf dem Boden glitzerte magischer Kristallstaub, und von der Decke hingen goldene Sterne herab, die geheimnisvoll in der Luft tanzten. Es duftete nach frisch gebackenem Kuchen, und auf einer kleinen Bühne musizierten einige Elfen in festlichen Gewändern.

Paloma stand am Rand des Saals und sah zu, wie zierliche Blumenfeen mit kleinen Waldelfen über die Tanzfläche wirbelten und rundliche Wolkenfeen mit stattlichen Bergelfen tanzten.

Bald kam ein junger Elf auf Paloma zu und bat sie um einen Tanz. Doch die kleine Fee traute sich nicht auf die Tanzfläche. Alles war so neu und fremd für sie!

Der Elf lächelte Paloma an. „Wir müssen nicht tanzen", sagte er. „Schau mal, dort drüben können wir uns hinsetzen!" Gemeinsam gingen sie in eine Ecke des Ballsaals, in der einige Tische und Stühle standen. Hier tranken die beiden frische Fruchtbowle und plauderten miteinander.

„Wo kommst du her, und wie heißt du eigentlich?", wollte der Elf von Paloma wissen.

„Ich heiße Paloma", erwiderte sie. „Ich komme vom großen See und wohne noch nicht lange hier im Wald."

Der Elf erklärte: „Ich heiße Nathan und bin auch erst vor einigen Wochen hierhin gezogen. Früher habe ich hoch oben in den Bergen gelebt."
Er seufzte. „Es ist gar nicht so leicht, hier neue Freunde zu finden."
Nathan zog eine Flöte aus der Tasche und sagte: „Zum Glück habe ich immer meine Flöte dabei, die mich tröstet und mich an mein altes Zuhause erinnert."

„Wie schön!", rief Paloma. „Ich liebe Musik!"

Nathan strahlte. „Hast du Lust, zu meinem Flötenspiel zu singen?"

Paloma zögerte. „Jetzt?", fragte sie. „Hier?"

„Warum nicht?", meinte Nathan. Er setzte die Flöte an die Lippen und spielte ein Lied, das Paloma gut kannte.

Die kleine Fee freute sich, die Melodie zu hören. Wie oft hatte sie dieses Lied mit ihren Freunden am See gesungen! Plötzlich fiel ihr auf, dass sie seit ihrem Umzug in den Wald kein einziges Mal musiziert hatte.

Paloma gab sich einen Ruck und begann zu singen. Das machte Spaß!

Auch Nathan freute sich, als die glockenhelle Stimme der kleinen Fee ertönte. Der Elf flötete und Paloma sang, als hätten sie lange gemeinsam geübt.

Zuerst spielte Nathan einige ruhige Lieder, dann auch fröhliche. Die beiden merkten nicht, dass es im Ballsaal immer stiller wurde. Die Gäste unterhielten sich nicht mehr, und die Musiker, die auf der Bühne für Tanzmusik gesorgt hatten, hörten zu spielen auf.

Als Nathan und Paloma eine Pause einlegten, klatschten alle Ballgäste begeistert Beifall.

Verwundert sahen sich der Elf und die Fee um. Paloma wurde rot, als ihr klar wurde, dass die Gäste ihnen zugehört hatten.

Die Feen und Elfen umringten die beiden. „Bitte macht weiter!", riefen sie. „Kommt auf die Bühne und musiziert für uns!"

„Ja, bitte!", riefen auch die Elfen, die bisher auf der Bühne gestanden hatten. Sie waren extra aus den Flusstälern angereist, weil es im ganzen Feenwald keine Musiker gab. „Bitte spielt eine Weile für uns weiter, wir brauchen ohnehin eine Pause!"

Das ließen sich Nathan und Paloma nicht zweimal sagen.
Bald standen sie auf der Bühne und ließen ihre Melodien
erklingen.

Die Ballgäste tanzten zu der Musik, und Paloma fühlte sich
zum ersten Mal seit Langem wieder glücklich. Während sie
zu Nathans Flötenspiel sang, dachte sie an ihr altes Zuhause.
Paloma nahm sich vor, ihre Freunde bald einmal zu besuchen
und ihnen zu erzählen, wie die Feen hier im Wald die Mittsommernacht feierten.

Es war schon tief in der Nacht, als Paloma und Nathan die Bühne wieder verließen. Gemeinsam mit den anderen Ballgästen tanzten sie bis zum Morgengrauen.

Als die Sonne aufging, war der Ball zu Ende.

„Das war eine wunderschöne Nacht", sagte Nathan zu Paloma. „Sehen wir uns denn bald einmal wieder?"

„Ja, gerne", erwiderte Paloma.

Nathan lächelte. „Wir könnten doch weiter gemeinsam Musik machen", schlug er vor.

Noch bevor Paloma antworten konnte, riefen einige andere Elfen und Feen dazwischen: „Au ja! Können wir auch mitmachen?"

So kam es, dass es im Feenwald bald immer mehr Musikanten gab. Einige Elfen lernten auf der Flöte zu spielen, andere schlugen hohle Hölzer gegeneinander oder klapperten mit Kastanien und Eicheln. Und natürlich konnten bald auch immer mehr Feen die schönen Lieder singen, die Paloma und Nathan ihnen beibrachten.

Paloma fand es wundervoll, dass der Feenwald nun immer öfter mit Musik erfüllt war. Am allermeisten freute sie sich aber darüber, dass sie neue Freunde gefunden hatte!

Das Schmusepony

In der Feenschule ging es hoch her. Heute hatten die Schülerinnen eine Aufgabe, die ihnen viel Spaß machte: Jede Fee
sollte ein Bild malen. Die Bilder, die in den Fluren und Klassen-
zimmern hingen, waren nämlich schon ziemlich alt und mit
der Zeit immer blasser geworden.

„Unsere Schule braucht neue Bilder", hatten die Lehrerinnen
beschlossen. Deshalb fiel der Unterricht in Kräuterkunde und
magischen Sprüchen heute aus. Stattdessen lagen überall
Pinsel und Stifte herum, und die Schülerinnen waren eifrig
über ihre Bilder gebeugt.

Die kleine Fee Olivia wusste sofort, was sie malen wollte: ihr Stoff-pferdchen Schnuffi, das sie vor Kurzem von ihrer Tante bekommen hatte. Schnuffi schlief jede Nacht in Olivias Bett und war ganz weich und kuschelig. Die Fee spielte oft mit dem kleinen Pferdchen – und wenn Schnuffi sie dann aus seinen großen, dunklen Augen ansah, war Olivia fast sicher, dass der Kleine sie verstand ...

Während Olivia zufrieden ihr Bild betrachtete, hörte sie zufällig eine Unterhaltung zwischen zwei älteren Schülerinnen.

„Wie findest du meine kleine Fee?", fragte Naomi und hielt ihr Bild hoch, auf dem eine Fee mit blonden Haaren zu sehen war.

„Sehr schön!", erwiderte ihre Freundin Alana und deutete auf ihr Bild, das ein geflügeltes Pony mit Fohlen zeigte.

„Und wie gefallen dir meine Zauberponys?"

„Das Bild sieht toll aus!", sagte Naomi. Doch dann sah sie Alana zweifelnd an. „Sind das denn überhaupt echte Ponys?", wollte Naomi wissen. „Oder hast du etwa nur Stofftiere gemalt?"

„Ich und Stofftiere?" Alana schüttelte empört den Kopf. „Hältst du mich für ein Baby? Natürlich habe ich echte Ponys gemalt!"

Die kleine Fee Olivia, die alles mitgehört hatte, blickte erschrocken auf ihr Bild. Plötzlich war es ihr peinlich, dass darauf ein Stofftier zu sehen war. Ob die anderen sie wohl auslachen würden, wenn sie das Bild von Schnuffi sahen?

Nun tauchte die Zauberpferd-Lehrerin Terzia neben Olivia auf. „Was für ein schönes Bild!", sagte sie freundlich. „Ist das dein Pony, Olivia?"

Die kleine Fee spürte, wie sie rot wurde. Ohne lange nachzudenken, nickte sie. Vielen Schülerinnen gefiel Olivias Bild.

„Wie süß! Seht doch nur, Olivia hat ihr Pony gemalt! Ist das aber niedlich!", riefen sie durcheinander.

Nur Naomi, die im Feenwald ganz in der Nähe von Olivias Wohnung lebte, blickte Olivia zweifelnd an. „Ich wusste gar nicht, dass du schon ein echtes Zauberpony hast", sagte sie. „Ich habe es noch nie gesehen."

Olivia schluckte. Natürlich hatte sie kein echtes Zauberpony! Das einzige Pony, das sie besaß, war aus Stoff und hieß Schnuffi ...

Die Lehrerin zwinkerte Olivia zu. „Dein Pony hat sicher ganz weiches Fell – stimmt's?", fragte sie.

Olivia nickte. Ob Lehrerin Terzia wohl wusste, dass Schnuffi nur ein Stoffpony war? Auf einmal fühlte sich die kleine Fee ganz elend. Sie hasste Lügen, und jetzt fühlte sie sich selbst wie eine Lügnerin.

Aber Olivias Sorgen waren ganz unbegründet.

Während die Feen ihre Bilder zum Trocknen auslegten, rief die kluge Lehrerin Terzia: „Alle mal herhören! Olivia hat mich mit ihrem Bild auf eine Idee gebracht. Morgen bringt bitte jede Fee ihr Lieblingskuscheltier mit und stellt es den anderen vor!"

Alle Feen redeten aufgeregt durcheinander. Die meisten freuten sich darauf, ihre Kuscheltiere einmal der ganzen Klasse zu zeigen.

Nur Naomi war unzufrieden. „Hab ich doch gleich gewusst, dass du ein Stoffpferd gemalt hast", sagte sie zu Olivia. „Und nur weil du noch mit Stofftieren spielst, sollen wir morgen welche in die Schule mitbringen. Ich habe aber kein Stofftier mehr. Was soll ich jetzt machen?"

Olivia seufzte. „Das tut mir leid", meinte sie. „Liegt in deinem Zimmer nicht noch irgendwo ein altes Kuscheltier herum?"

„Nein, ganz sicher nicht", erwiderte Naomi und sah auf einmal sehr traurig aus. „Früher hatte ich einen Teddy", sagte sie leise. „Aber den hat meine Mama an meinem letzten Geburtstag weggegeben, weil sie fand, dass ich nun zu alt dafür bin."

„Sie hat ihn weggegeben?", rief Olivia, und ihr Herz klopfte bis zum Hals. „Wie sah dein Teddy denn aus? Ich habe neulich in der Spielzeugstube einen gesehen."

Die Bewohner des Feenreichs warfen alte Spielsachen niemals weg. Sie brachten sie in eine Spielzeugstube, die tief unter den Wurzeln eines alten Ahornbaumes lag.

„Mein Teddy war himmelblau mit hellen Stellen am Bauch, an den Füßen und im Gesicht", erklärte Naomi.

„Genau so sah der Teddy in der Spielzeugstube aus!", rief Olivia. „Komm, wir schauen gleich nach der Schule, ob er noch dort ist!"

Gesagt, getan: Sobald die Schule zu Ende war, machten sich die beiden auf den Weg. Sie hatten Glück: In der Spielzeugstube lag Naomis blauer Teddy inmitten von Büchern, Instrumenten, Weltkugeln und Spielsachen.

„Mein Teddy!", rief Naomi strahlend und drückte den Stoffbären an sich. „Leider darf ich dich nicht behalten", sagte sie zu dem Teddy und strich ihm zärtlich über den Kopf. „Aber du darfst morgen mit mir in die Schule kommen."

Olivia sagte: „Und ich dachte, du machst dir nichts mehr aus Stofftieren!"

Diesmal war es Naomi, die rot wurde. „Eigentlich war ich sehr traurig, als ich meinen Teddy abgeben musste", gestand sie. „Aber meine Mama meinte, dass ich in meinem Alter kein Kuscheltier mehr brauche."

Am nächsten Tag brachten alle Schülerinnen ihre Lieblingskuscheltiere mit in die Feenschule. Darunter waren Stoffenten, kleine Kätzchen, flauschige Schafe und natürlich auch Olivias Schnuffi und Naomis Teddy.

Die Lehrerin bat jede Schülerin, eine kurze Geschichte über sich und ihr Stofftier zu erzählen.

Als alle fertig waren, holte Terzia ein kleines Stoffhäschen aus dem Pult. „Das hier ist mein Lollo", sagte sie. „Wenn ich Trost brauche, krank oder traurig bin, dann nehme ich ihn fest in den Arm. Und ob ihr es glaubt oder nicht – Lollo gibt mir jedes Mal neuen Mut und frische Kraft!"

Als Naomi ihrer Mutter an diesem Tag erzählte, dass sogar ihre Lehrerin noch ein Stofftier hatte, durfte der himmelblaue Teddy wieder bei Naomi einziehen. Darüber war Naomi sehr, sehr glücklich. Sie nahm sich fest vor, sich in Zukunft nicht mehr über andere lustig zu machen. Schließlich hatte sie es Olivia zu verdanken, dass sie ihren Teddy wieder hatte. Sie wollte von nun an nie wieder gemein zu Anderen sein.

Olivia spielte vor dem Schlafengehen noch ausgiebig mit ihrem Schnuffi. „Ich hab dich so lieb!", sagte sie und drückte dem kleinen Stoffpferdchen einen dicken Kuss auf die Nase.

Schnuffi blickte die Fee aus seinen klugen, großen Augen an und kuschelte sich ins Kissen.

„Du bist jetzt auch in der Schule immer ganz nah bei mir", erzählte Olivia ihrem Pferdchen. Denn das Bild, auf dem Schnuffi zu sehen war, hing nun in ihrem Klassenzimmer. Und das war gut so!

Der Pony-Professor

„Dafür bist du noch zu klein!", bekam das Zauberpony Zacharias ständig zu hören. Seine Eltern hielten ihn für zu klein, um abends lange aufzubleiben. Der Sportlehrer fand ihn zu klein für das Wettfliegen der Ponyjungen. Und natürlich war Zacharias auch zu klein, um endlich beim Himmelshockey mitzuspielen.

Eines Tages hatte der Ponyjunge genug davon. Er würde den anderen schon zeigen, was in ihm steckte! Da seine Großmutter Ursa gerade einen Kongress besuchte, beschloss Zacharias, sich einmal heimlich in ihrer Zauberkammer umzusehen. Dort bewahrte Ursa ihre magischen Tränke und Heilrezepte auf. Bestimmt würde Zacharias hier etwas finden, womit er die anderen beeindrucken konnte.

Er wartete, bis alle schliefen. Dann schlich er leise in Ursas Kammer. Neugierig stöberte Zacharias dort herum. Was es hier alles zu sehen gab! In den Regalen standen Fläschchen mit geheimnisvoll schimmernden Flüssigkeiten und kleine Dosen mit Diamantenstaub. Dazwischen entdeckte Zacharias eine große Kristallkugel. Und was war das? Lag da etwa das magische Buch von Ursa – das Buch, in dem sie ihre geheimsten Zaubersprüche und Weisheiten sammelte?

Andächtig berührte Zacharias den glitzernden Stern auf dem Buch. Dabei wünschte er sich, auch solche Zauberkräfte zu haben wie Ursa. Kaum hatte der Ponyjunge diesen Wunsch zu Ende gedacht, da machte es leise Pling!

Zacharias wusste nicht, dass der Stern auf dem magischen Buch eine außergewöhnliche Zauberkraft hatte. Wenn sich ein Wesen aus dem Feenreich etwas wünschte und gleichzeitig den Stern berührte, dann wurde der Wunsch wahr.

Noch ahnte Zacharias nichts von seinen neuen Fähigkeiten. Er fühlte sich nur plötzlich schrecklich müde und schlief auf der Stelle ein.

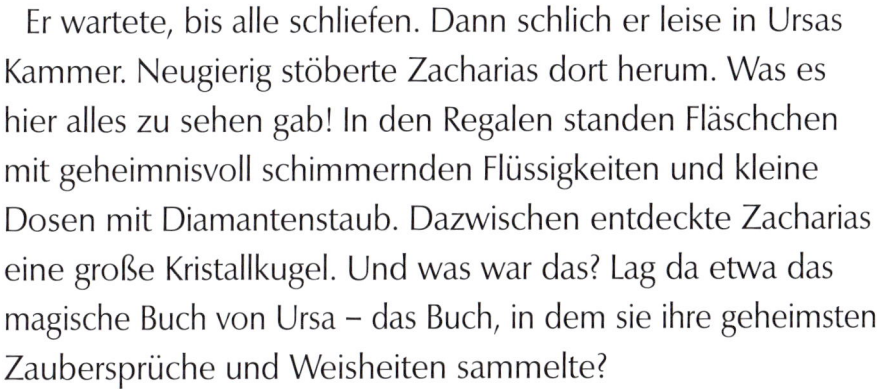

Am nächsten Tag sollte der Ponyjunge bald merken, dass sein Wunsch in Erfüllung gegangen war.

Als seine Feenfreundin Diana nach der Schule heimkam, rief sie: „Ist das eine Hitze heute! Ich wünschte, wir hätten ein Schwimmbad hier!"

Zacharias dachte daran, wie schön es wäre, ein Schwimmbad im Haus zu haben.

Aber was war das? Im gleichen Augenblick plätscherte ein gewaltiger Wasserfall von der Zimmerdecke. Auf dem Boden bildete sich ein Schwimmbad. Alles, was vorher im Zimmer gestanden hatte, wurde einfach zum Fenster hinausgespült: der Tisch, die Stühle, das Bett und sogar der Teppichboden!

„Juhu! Ein Schwimmbad!" Diana schnappte sich ihren Schwimmreif und ließ sich ins Wasser gleiten. Wie das sprudelte und spritzte!

„Komm doch auch ins Wasser!", rief die Fee dem Zauberpony zu.

Doch Zacharias reichte es, die Hufe hineinzutunken. Besorgt sah er, wie das Wasser immer höher und höher stieg. Hatte er das Wasser etwa herbeigezaubert? Und wie konnte er es wieder stoppen?

„Ich wünschte, das Zimmer wäre wieder eingerichtet wie zuvor", dachte der Ponyjunge.

In der gleichen Sekunde war das Schwimmbad wieder verschwunden.

„Schade", murmelte die Fee Diana, die jetzt auf dem Trockenen saß. „Wenn ich nur wüsste, woher das Schwimmbad gekommen ist! Außer Ursa kenne ich niemanden im ganzen Feenreich, der so einen starken Zauber bewirken kann."

Zacharias räusperte sich. „Ich glaube, das war ich", sagte er.

Die kleine Fee blickte ihn erstaunt an. „Meinst du wirklich?",
rief sie. „Ich wusste gar nicht, dass du solche Zauberkräfte
hast! Bitte zaubere noch mehr, Zacharias!"

Und das tat das Zauberpony. Zacharias
zauberte für Diana eine glitzernde
Halskette, ein funkelndes Krönchen
und eine besonders weiche Bürste.
Diana war völlig begeistert. Und weil sie die magischen Kräfte
von Zacharias so toll fand, holte sie bald ihre Freundinnen
herbei. Alle hatten Wünsche, und Zacharias war die ganze
Zeit damit beschäftigt, für die Feen etwas herbeizuzaubern.

Er zauberte Bonbons, Törtchen, Spielsachen und vieles andere mehr.

Der Ponyjunge genoss es, dass er alle mit seinen magischen Kräften beeindrucken konnte. Endlich war er nicht mehr der Kleine, dem die anderen nichts zutrauten!

Aber er zauberte nicht nur für die Feen, sondern auch für sich selbst. Im Wettstreit mit den anderen Zauberponys war Zacharias nun derjenige, der am schnellsten laufen konnte. Und nicht nur das: Er konnte auch am höchsten fliegen und dabei die tollsten Kunststücke in der Luft ausführen.

Beim Wettfliegen der Ponyjungen war er jetzt der Beste, und beim Himmelshockey schoss er die meisten Tore.

Natürlich zauberte sich Zacharias auch etwas größer. Und er verzauberte seine Eltern, sodass sie ihm alles erlaubten. Nun durfte er bis weit nach Mitternacht aufbleiben und so viele Süßigkeiten essen, wie er wollte.

Weil die Zaubereien ihn nur einen Gedanken kosteten, zauberte Zacharias auch jede Menge Quatsch. So kam es, dass seine Erzieherin Xenia mal lange Hasenohren hatte und mal Flossen wie ein Fisch.

Es war einfach toll. Sobald der Pony-junge an etwas dachte, geschah es auch schon!

Bald hatten alle im Feenreich gehörigen Respekt vor Zacharias. Niemand bezeichnete ihn mehr als klein. Im Gegenteil: Wegen seiner Zauberkräfte nannten ihn die anderen Ponys und Feen jetzt den Pony-Professor.

Doch allmählich fand Zacharias sein neues Leben ziemlich anstrengend. Er musste ständig aufpassen, woran er dachte. Es war zum Beispiel nicht sehr praktisch, an Badeschaum zu denken, während er gerade Limonade trank.

Und als er sich wünschte, dass es nie wieder regnen sollte, wären beinahe alle Blumen im Feenreich vertrocknet!

Immer öfter ertappte Zacharias sich bei dem Wunsch, wieder der alte zu sein und keine Zauberkraft mehr zu haben. Eines Tages wurde er sogar richtig neidisch, als er ein kleines Fohlen auf dem Rücken seiner Mutter sah.

Da wünschte er sich, wieder der Ponyjunge Zacharias zu sein – ganz ohne besondere magische Kräfte. Doch diesmal passierte gar nichts! Aus irgendeinem Grund ging dieser Wunsch nicht in Erfüllung.

Zum Glück war an diesem Tag die weise Ursa von ihrem Kongress zurückgekommen. Zacharias nahm seinen ganzen Mut zusammen und ging zu ihr.

Ursa blickte ihren Enkel freundlich an. „Wie schön, dass du mich besuchst", meinte sie. „Ich kann mir schon vorstellen, was du auf dem Herzen hast."

„Ich muss mit dir reden, Ursa!", sagte Zacharias. „Als du weg warst, habe ich ziemlich viel Blödsinn angestellt."

„Ich weiß", erwiderte Ursa lächelnd. Ihr entging nichts, was im Feenreich geschah – und so hatte sie längst mitbekommen, dass Zacharias plötzlich über ungeahnte Fähigkeiten verfügte ...

„Du weißt davon?", fragte Zacharias überrascht. „Aber weshalb hast du nichts gegen meine Zaubereien unternommen?"

Ursa schmunzelte. „Manchmal ist es besser, wenn ein junges Pony seine eigenen Erfahrungen macht", sagte sie. „Aber nun lass mich raten. Kann es sein, dass du deine besonderen Zauberkräfte wieder loswerden möchtest?"

Zacharias nickte. Er schämte sich ein bisschen, als er weitersprach. „Früher fand ich es nur blöd, einer der Kleinsten zu sein und nichts zu dürfen. Aber immer alles zu können macht auf Dauer auch keinen Spaß."

Ursa nickte. „Deshalb sieht die Natur auch vor, dass junge Zauberponys noch nicht alles können und dürfen."

„Ich möchte so gerne wieder ich sein!", rief Zacharias. „Aber sosehr ich es mir auch wünsche – dieser Wunsch geht nicht in Erfüllung."

Ursa sagte: „Um wieder der zu werden, der du früher warst, brauchst du mein magisches Buch. Du musst den Stern auf dem Buch berühren und dir gleichzeitig wünschen, wieder der alte Zacharias zu sein."

Zacharias war sehr erleichtert. Er hatte schon befürchtet, dass er seine starke Zauberkraft nie wieder loswerden würde.

„Vielen Dank, liebe Ursa!", rief der Ponyjunge und wollte sich schon auf den Weg machen.

Aber Ursa sagte: „Hiergeblieben! Ich war noch nicht fertig!" Sie blickte Zacharias ernst an. „Ich möchte, dass du dich bei allen entschuldigst, mit denen du Schabernack getrieben hast."

Der Ponyjunge seufzte. Doch es blieb ihm nichts anderes übrig, als einzuwilligen.

Und noch etwas musste er Ursa versprechen: dass er das magische Buch nie wieder für seine Zwecke benutzen würde – es sei denn, Ursa erlaubte es ihm.

Kurz darauf stand der Ponyjunge in Ursas Dachkammer vor dem magischen Buch. Er holte tief Luft, legte den Huf auf den goldenen Stern und sagte laut und deutlich: „Ich möchte wieder ich sein!" Wieder machte es Pling! und Zacharias war wieder ganz der Alte. Zum Test wünschte er sich eine Clownsnase und Löwentatzen. Doch es geschah nichts!

Zufrieden kehrte der Ponyjunge zu seinen Freunden zurück. Auch die waren froh, dass Zacharias nun wieder ein ganz gewöhnliches Zauberpony war.

Und auch wenn es ihm schwerfiel, besuchte Zacharias noch am gleichen Tag alle Bewohner des Feenreiches, die er mit seinen Zaubereien gefoppt hatte.

Er entschuldigte sich bei allen: bei dem Pony, dem er lockiges Fell gezaubert hatte, und bei der Fee, die durch seine Zaubereien eine Vogelkralle bekommen hatte.

In dem Moment, in dem Zacharias sich entschuldigte, verwandelten sie alle sich wieder in ihre frühere Form. Zuletzt bekam auch die Kindergärtnerin Xenia wieder ihre Hufe zurück. Nun war auch sie gerne bereit, Zacharias zu verzeihen.

Nur seinen Spitznamen wurde Zacharias nicht mehr los: Weil der Ponyjunge auch ohne besondere Zauberkräfte ein schlaues Kerlchen war, nannten ihn weiterhin alle den Pony-Professor. Und das fand Zacharias gar nicht so übel. Denn klug zu sein war doch fast so gut, wie groß zu sein – oder vielleicht sogar noch besser?

© Schwager & Steinlein Verlag GmbH
Emil-Hoffmann-Straße 1, D-50996 Köln
Text: Carola von Kessel
Illustrationen: Elisa Moriconi
Layout und Cover-Logofigur: Irina Gilgen
Satz und Gestaltung: Anne Völpel
Redaktion: Sarah Ziegelbauer
Gesamtherstellung: Schwager & Steinlein Verlag GmbH
Alle Rechte vorbehalten

www.schwager-steinlein-verlag.de